DANS LA MÊME COLLECTION

Connectez-vous sur : www.lamartiniere.fr

certains hommes politiques, des militaires, des diplomates, et intensément relayée par la quasi-totalité des médias. Des centaines de millions de personnes y ont cru et la guerre a été déclenchée.

Pas si simple, donc, de vous informer en toute certitude.

Ce livre ne vous dit pas ce qui est vrai et ce qui est faux, et encore moins ce que vous devez penser. Ce serait non seulement inutile, mais en plus tout à fait contraire à la liberté de chacun. Car vous avez la liberté de penser et de croire ce que vous voulez, y compris « n'importe quoi » !

Cet ouvrage a pour but d'expliquer les mécanismes utilisés par ceux qui veulent vous faire croire certaines choses, comme vous vendre un candidat à une élection ou vous faire espérer que vous allez gagner des millions... et de vous mettre en garde contre ces dérives. Car, si vous n'y prenez pas garde, si vous ne savez pas les reconnaître, les manipulations de l'opinion seront de plus en plus fréquentes dans notre société, jusqu'à mettre en danger votre liberté.

ANNUIT COEPTIS
MDCCLXXVI
NOVUS ORDO SECLORUM

1

LES SECTES, UN UNIVERS DANGEREUX

« L'exemple le plus frappant de dérive dans ma classe ? C'était l'an dernier, en première. Ça concerne un copain, qui bossait comme il faut, pas le premier de la classe, mais pas non plus le dernier. Un jour, je l'ai rencontré dans la rue. Il était en train de distribuer des tracts qui annonçaient la venue des extraterrestres sur Terre. Je suis allé lui parler, je lui ai demandé si vraiment il croyait que les Martiens allaient débarquer. Il m'a dit : "Non, pas les Martiens, les Élohim." Quand j'ai cherché à en savoir un peu plus, j'ai carrément eu peur : je me suis dit qu'il était complètement barré dans son idée. Impossible de lui ramener les pieds sur Terre, si l'on peut dire ! »

Germain, 17 ans.

S'échapper du réel...

Heureusement, ce n'est pas tous les ans que quelqu'un, dans votre classe, dérive vers une secte. Vous savez pourtant que cela existe, et même que les jeunes sont l'une des cibles favorites de certaines sectes. Pas de toutes, car bon nombre de sectes proposent à leurs adeptes la vie éternelle ou l'absence de souffrance, et ces thèmes attirent surtout les plus de cinquante ans. Mais, d'après ce que disent les enquêtes, d'autres thèmes s'adressent plutôt à vous, comme la venue d'êtres supérieurs – extraterrestres ou envoyés d'un dieu – ou les techniques de méditation et de concentration mentale.

Lorsque l'un de vos proches est touché, la question que vous vous posez est « que faire ? » Comment ramener cette personne à une conception de la réalité plus sérieuse ? C'est la question à laquelle il vous sera le plus difficile de répondre. Pourquoi ? Parce que personne ne peut décider a priori que telle croyance est absurde. Les individus qui sont « manipulés » par les sectes n'ont pas du tout l'impression de l'être, bien au contraire. Lorsque vous parlez avec un Témoin de Jéhovah, un raélien ou un adepte de Krishna, il vous démontrera, s'il a un peu d'expérience et connaît bien le discours de son groupe, que c'est vous qui êtes dans l'erreur et lui dans le vrai. Pour lui, la perte de liberté, c'est vous qui la subissez.

Discuter de son erreur avec un adepte est donc particulièrement difficile. Les adeptes tiennent leur croyance pour la vérité absolue, et leur conviction influe sur tout le reste de leur existence. C'est d'ailleurs très logique : celui qui est certain que les extraterrestres sont en route pour la Terre a raison de se consacrer à les accueillir, car ce serait bien un événement tout à fait extraordinaire ! Quant à ceux qui croient que la fin du monde est proche (ils représentent la grande majorité des adeptes des sectes), ils ont eux aussi raison de préparer cet autre événement qui serait lui aussi extraordinaire. D'autant qu'en général une date est fixée par le gourou de la secte, ce qui rend l'adepte encore plus désireux de bien faire, le plus vite possible, avant la catastrophe ou l'événement annoncé.

Avoir raison seul contre tous

Pour la quasi-totalité des êtres humains, ces croyances sont absurdes. Est-ce un argument face à l'adepte d'une secte ? Pas du tout ! Pis, même : cet argument de la majorité qui aurait forcément raison renforce au contraire l'adepte dans sa propre croyance. Car être archi-minoritaire est l'une des meilleures preuves, pour des adeptes, que leur secte pense et agit de façon juste.

Le raisonnement sectaire est très simple, mais il est presque impossible à attaquer de front parce qu'il est conçu comme un raisonnement logique, presque mathématique. Toutes les sectes partent de l'idée que notre monde est fou, qu'il va mal et qu'il court à sa perte. Cette première affirmation décrit un drame, une situation négative qu'il faut redresser. Leur seconde idée est que le monde persécute la secte,

veut l'interdire, voire la détruire, et cette deuxième affirmation est elle aussi négative puisqu'elle décrit un autre drame. Conclusion : puisque le monde, soumis aux forces du Mal, veut détruire la secte, c'est que la secte est réellement la seule à défendre le Bien. Donc la seule à avoir raison contre tous ! Un peu comme en mathématiques : lorsque vous multipliez « moins » par « moins », vous obtenez un « plus ».

Pour les sectes, les forces du Mal progressent partout, et elles poussent l'humanité dans le gouffre. Pour nous en relever, il faut un message exceptionnel, celui d'un messie ou d'extraterrestres par exemple. Un message simplement humain ne pourrait suffire à redresser les torts et à avancer vers le salut. Car voilà des siècles que les forces du Mal gagnent du terrain, et jusque-là rien ni personne n'a pu les détruire. C'est donc qu'il faut autre chose : ce que propose justement la secte à travers son gourou. Là encore, c'est d'une logique imparable : si le monde est soumis à l'empire du Mal et que la secte est la seule à avoir identifié ce terrible défi, elle est en toute logique la seule à connaître les moyens de lutter.

Être seuls à avoir raison est donc, pour les adeptes, une « preuve » de la justesse de leur dogme. C'est à partir de ce sentiment que l'adepte se fortifie dans sa croyance. Il adhère au groupe et à sa pensée, et se sent encore plus fort pour défendre ses convictions si son groupe est attaqué.

La logique de secte repose donc sur un discours (une lecture d'un texte sacré…), une annonce (la venue des extraterrestres…), un message (de tel individu qui se prétend le nouveau messie…), qui s'appuie toujours sur le rejet de ce que l'immense majorité des gens croient. Certains disent même que le mot « secte » veut dire « sectionner », couper tout lien avec le reste du monde. Pour les Krishna, la seule bonne interprétation de la Bhagavad-Gita (un texte hindou) est la leur. Il en va de même avec la Bible pour les sectes, qui en ont une vision très particulière : elles y lisent la fin du monde, l'« Armageddon », le combat final entre les forces du Bien et du Mal.

Les très nombreuses sectes évangélistes nord-américaines, qui regroupent sans doute plus de 500 millions d'adeptes, propagent ce discours catastrophiste partout dans le monde, avec des moyens financiers énormes.

Cette certitude de la lutte finale entre Bien et Mal peut aller, dans certaines sectes, jusqu'à l'autodestruction. Ce n'est pas un paradoxe. Si l'écrasante majorité n'adhère pas aux idées de l'infime minorité qu'est la secte, cette majorité qui est dans l'erreur va devenir oppressante et destructrice. Elle broie l'adepte qui veut croire différemment et qui est certain d'être dans le vrai. Et si le combat, à un moment donné, se révèle perdu, le martyre reste l'ultime « solution » pour ne pas succomber aux forces du Mal. C'est aussi une façon de ne pas admettre que la secte était dans l'erreur : la mort plutôt qu'avoir tort.

Définition

L'Armageddon

Ce nom est cité une seule fois dans la Bible (Apocalypse de saint Jean). Il désigne le lieu où les forces hostiles à Dieu seront anéanties.

Les « davidiens » de la secte de Waco, au Texas, sont l'un des exemples les plus évidents de cette dérive de la pensée. Réunis autour de leur leader David Koresh, qui se proclamait le dernier messie, ils prétendaient être le seul rempart à l'avancée du Mal. Lorsque l'heure du combat arriverait, leur victoire serait le triomphe définitif du Bien, tandis que leur défaite, qu'ils savaient possible, serait la victoire totale du Mal. C'est pour se préparer à cette guerre qu'ils avaient transformé la ferme où ils vivaient en véritable forteresse. Les policiers américains durent l'assiéger pendant un mois avant de la prendre d'assaut, en 1993. Les davidiens préférèrent mourir que de se rendre.

Ce cas extrême est loin d'être le seul. Le massacre le plus important a eu lieu en 1978, au Guyana : les adeptes du Temple du Peuple, soit 914 personnes, s'y donnèrent collectivement la mort avec leur chef, le révérend Jim Jones.

Les jeunes face aux sectes

Ne croyez pas que les individus recrutés par les sectes soient tous fragiles ou mal dans leur peau. Ce ne sont pas forcément des gens largués, des déçus de la vie, des incompétents dans leurs études ou leur travail. Certains peuvent être au contraire des gens brillants, mais insatisfaits du monde tel qu'il est.

Toutes les sectes leur proposent alors des solutions.

Elles offrent aux jeunes des réponses à leurs demandes intimes, philosophiques, psychologiques ou spirituelles. Elles promettent une vie nouvelle, fondée sur la Vérité, le Bien, le Bonheur. Elles leur font espérer le gain de facultés comme, par exemple, la concentration mentale, qui permettrait de travailler, lire ou écrire vingt heures sur vingt-quatre. Et lorsqu'il s'agit d'annoncer la venue d'un être suprême ou d'une race extraterrestre, le schéma d'ensemble est le même : la vie nouvelle, dans la lumière de ces êtres exceptionnels, sera passionnante. Fini l'ennui du train-train quotidien !

Mais en attendant l'avènement de ce paradis sur Terre, il faut faire la propagande de la secte. Développer la secte est en effet essentiel pour lutter plus efficacement contre le Mal, l'Erreur et le Mensonge. Et c'est encore plus difficile dans un monde qui, justement, ne fait que propager le Mal ! Il faut donc des adeptes pour aller distribuer des tracts, faire du porte à porte, ou, comme dans le cas des Krishna, distribuer de la nourriture végétarienne pour engager la conversation sur la doctrine de la Bhagavad-Gita. Tout le monde est recruté pour ces tâches ingrates, les jeunes comme les plus âgés. L'adepte n'a ni le temps ni les moyens de penser à autre chose. Quand il défend sa secte, il défend aussi ce qui lui permet de vivre, de croire en la vie. Et qui peut empêcher quelqu'un de croire ce qu'il veut si cela le fait vivre ?

Pour en savoir plus

LES SECTES EN FRANCE

Quelques rares commissions parlementaires ont enquêté sur les sectes en France. Le rapport Gest, présenté en 1995, reconnaît que « la notion de secte, particulièrement difficile à définir dans le langage courant, est totalement inconnue du droit français ». L'auteur de ce rapport indiquait que les sectes conduisent à la déstabilisation mentale des adeptes, à leur rupture avec l'environnement d'origine, à des atteintes à l'intégrité physique ou encore à l'embrigadement des enfants, sans oublier tout le volet financier (détournement de fonds, etc.). C'est donc par ses méthodes, ses buts et son fonctionnement qu'une organisation peut revêtir le caractère d'une secte. La croyance, elle, n'est pas remise en question.

Les Renseignements généraux identifiaient 173 mouvements sectaires en France en 1995, regroupant peut-être 160 000 adeptes, dont 130 000 pour les seuls Témoins de Jéhovah. Surtout, entre 1985 et 1995, dates des deux derniers rapports officiels consacrés à la question, le nombre de mouvements aurait baissé (de 190 à 173), mais celui des adeptes aurait augmenté.

Pour briser le cercle vicieux dans lequel s'enferment les jeunes adeptes, vous allez devoir réfléchir longtemps. Il n'est pas certain que vous réussissiez à les faire douter. D'ailleurs, s'il existait des arguments simples, s'il était facile de convaincre les adeptes qu'ils font fausse route, il n'y aurait plus de sectes depuis longtemps.
Face à ces difficultés, on peut se demander s'il ne faudrait pas purement et simplement interdire les sectes. Ce serait plus radical. Mais si l'on interdisait de penser et de croire n'importe quoi, la liberté d'expression pourrait se trouver menacée. Car comment définir le « n'importe quoi » ? Qui aurait le pouvoir de le faire ? On ne peut interdire à personne de

Infos

LA LOI ET LA LIBERTÉ DE CROYANCE AUX ÉTATS-UNIS

Un amendement à la Constitution américaine déclare que « le Congrès ne fera aucune loi qui touche l'établissement ou interdise le libre exercice d'une religion ». Il s'agit là de l'une des origines légales de la prolifération des sectes aux États-Unis d'abord, puis dans le monde à partir du territoire américain et toujours sous la protection des lois américaines. Ce texte permet en effet à des sectes de se constituer et de pratiquer l'évasion fiscale massive en arguant de la volonté d'établir une « Église ». Les Églises ne sont en effet soumises à aucune loi et ne paient donc pas d'impôt, la Constitution interdisant au Congrès d'intervenir dans leurs affaires. Lafayette Ron Hubbard est l'un de ceux qui a su en profiter. D'abord hostile à l'idée religieuse à l'époque où il était écrivain de science-fiction à succès, Hubbard devint le fondateur et le gourou de l'Église de scientologie une fois qu'il dut faire face à des redressements fiscaux. La secte, qu'il créa en 1954, lui permit en effet de soustraire au fisc les montants astronomiques qu'il devait en tant qu'écrivain. Cela facilita considérablement le développement de l'Église de scientologie partout dans le monde. Il affirmait d'ailleurs que si l'on voulait devenir millionnaire, le mieux était de créer sa propre religion !

penser ce qu'il veut. C'est ce que dit la loi française, puisqu'elle ne punit les sectes que lorsqu'il y a des malversations financières ou de l'exploitation sexuelle (certaines sectes appellent à une sorte de prostitution de leurs adeptes en vue d'attirer de nouveaux membres). Tant que tout se situe au niveau de la pensée, tant que rien ne « trouble l'ordre public », selon la formule consacrée, il n'y a aucune raison d'interdire un groupement de personnes majeures.

Du rejet du monde à l'intolérance

Malgré tout, vous savez que les sectes sont dangereuses et intolérantes. Leur intolérance naît d'une exaltation à outrance de la différence. Dans une secte, tout est différent du monde banal, détesté par les adeptes. Les sectes ne tolèrent pas le monde tel qu'il est. La parole d'un dieu ou d'un gourou est toujours dirigée contre les autres croyances,

Maintenant, vous êtes libres de faire ce que vous voulez !

qui sont considérées comme mauvaises. Il s'agit en outre d'exclure tout engagement de l'adepte ailleurs que dans la secte. On peut être catholique ou musulman, et en même temps membre d'un parti politique, et supporter d'un club de foot, et encore délégué de l'association locale de lutte contre l'alcoolisme. Mais on ne peut pas être dans une secte et s'occuper d'une autre association, parce que seule la secte détient la vérité. Et surtout parce que, de façon très quotidienne, la secte dévore tout l'emploi du temps de ses adeptes. Ceux-ci sont monopolisés par la nécessité de prier, de méditer, de participer à toutes les tâches de la secte, y compris la chasse aux nouveaux adeptes.

Souvent, la secte exclut physiquement ses membres du reste de l'humanité. Le vêtement constitue la forme d'auto-exclusion la plus évidente, avec certaines sectes qui imposent à leurs adeptes un uniforme, comme dans le cas des Krishna. Parfois aussi, les adeptes se regroupent dans des lieux de vie communautaire, les mayapurams pour les Krishna, les « salles du royaume » pour les Témoins de Jéhovah, etc., qui là encore leur permettent de s'isoler des autres. Ce qui ne veut pas dire que tous ceux qui vivent en communauté sont des sectaires coupés du monde ; de nombreuses communautés n'ont rien à voir avec les sectes ! Mais les sectes accumulent les formes d'isolement vis-à-

Infos

ASSOCIATIONS DE LUTTE CONTRE LES SECTES

Il y a deux principales associations de lutte contre les sectes au niveau national : le Centre de documentation, d'éducation et d'action contre les manipulations mentales (CCMM), plus connu sous le nom de Centre Roger-Ikor (01 44 64 02 40, www.prevensectes.com), et l'Union nationale des associations pour la défense de la famille et des individus (UNADFI), créée en 1974 (01 44 92 35 92, www.unadfi.org).

vis de la société : si les adeptes se regroupent, s'habillent différemment, vouent la totalité de leur emploi du temps à la secte, c'est bien pour éviter le contact avec le « monde du Mal ». Le seul contact finalement toléré et même encouragé est le moment du recrutement, de la chasse aux nouveaux adeptes, qui est encore une façon de rejeter le monde puisqu'il s'agit de « sauver » ceux qui y sont perdus...
Ainsi, à force de vivre dans un milieu confiné, aux règles de conduite très strictes, et de ne voir que des personnes qui pensent comme eux, les adeptes des sectes finissent par oublier tout autre problème. Quelle que soit la manière dont elle s'y prend, la secte entretient donc toujours un rejet du monde extérieur, qui va jusqu'à l'intolérance des religions et des modes de pensée différents.

Les sectes propagent leur discours

Les méthodes de persuasion qu'utilisent les sectes pour recruter de nouveaux adeptes dépendent du discours qu'elles veulent propager. Ces méthodes sont toujours fondées sur les mêmes étapes simples. D'abord, il faut

Pour en savoir plus
LES TÉMOINS DE JÉHOVAH

Cette secte, la plus largement représentée en France, est née dans les années 1870 aux États-Unis. Son fondateur, Charles Russell, propose une relecture de la Bible qui donne toute la puissance à Dieu sur la vie de chacun. C'est pourquoi les Témoins de Jéhovah refusent d'être sauvés de la mort par la médecine, ou refusent de voter puisque c'est Dieu qui décide et non pas les élections. Dans les faits, ce n'est pourtant pas à Dieu lui-même qu'obéit un Témoin, mais à la maison mère de la secte, la Société de la Tour de garde, qui se trouve à New York et organise le travail de propagande des adeptes.

expliquer au futur adepte que la vérité est détenue par la secte, qu'elle est seule à lutter contre le Mal et qu'elle est rejetée, voire persécutée par le reste du monde, preuve que le Mal y triomphe réellement. L'adepte s'appuie sur cette logique pour vous convaincre. Une logique tellement forte que vous n'aurez aucune prise pour la démonter. C'est en effet un raisonnement qui tourne en rond et qui repose sur une conviction absolue : la secte est la seule à avoir raison.

Puis, si son discours est bien reçu par la personne qu'il a en face de lui, l'adepte montre les dangers qu'il y aurait à ne pas adhérer à la vérité, l'inconséquence que cela représente. Cela ne veut pas dire qu'il faudra adhérer tout de suite à la secte. Dans un premier temps, le candidat doit comprendre parfaitement la doctrine. Ce n'est que dans un second temps, lorsqu'il aura prouvé qu'il y adhère sincèrement, qu'il pourra devenir un adepte. Cette liberté de choix est laissée à chacun presque jusqu'au dernier moment. « Presque » car entre le moment de l'adhésion à la doctrine et celui de l'adhésion à la secte elle-même, les adeptes « travaillent » le candidat et tâchent de l'amener à adhérer.

Pour mener à bien ce recrutement, il faut être efficace et ne pas faire du coup par coup, de l'amateurisme. Chez les Témoins de Jéhovah, les communautés tiennent chaque semaine une « école » où les plus expérimentés enseignent la Bible aux autres Témoins. Cela permet à tous de mieux connaître la doctrine qu'il s'agit de propager. Puis des saynètes sont organisées : quelques Témoins jouent le rôle des incroyants, tandis que les autres doivent tenter de donner des arguments pour les persuader. Et une fois que les Témoins sont devenus efficaces, ils se lancent dans les rues et font du porte à porte, comme les vendeurs d'aspirateurs ou les brocanteurs.
Ce prosélytisme repose également sur un principe d'intolérance : donner sa version du monde et refuser celle que l'on peut lui opposer. Essayez de répondre ou de donner d'autres arguments, et vous constaterez qu'il est impossible de discuter longtemps avec l'adepte d'une secte. Pour lui, quelqu'un qui résiste est une banale incarnation de l'adversaire à combattre (encore une fois, le Mal, ou les incroyants en général). Tenter de convaincre celui qui vous considère comme un ennemi serait alors perdre un temps précieux qu'il vaut mieux consacrer à d'autres activités.

Agir contre les sectes

Malgré toutes ces difficultés pour combattre les sectes, rien n'est perdu, car personne n'adhère à une secte en quelques minutes. Vous pouvez donc intervenir tant que votre copain qui part à la dérive ne s'est pas encore formellement engagé. Il est alors temps de le rattraper, exactement comme vous rattraperiez par le bras un ami qui est en train de glisser

Pour en savoir plus
RAËL ET LES EXTRATERRESTRES

En décembre 1973, Claude Vorilhon, un chroniqueur sportif, rencontra... un extraterrestre dans le cratère d'un volcan d'Auvergne. Celui-ci lui donna son nouveau nom, Raël, « celui qui apporte la lumière des Élohim ». Raël reçut la mission de préparer sur Terre la venue des extraterrestres, les Élohim. Il publia un premier livre, modestement intitulé *Le Livre qui dit la vérité*.

En 1975, un vaisseau extraterrestre vint chercher Raël, l'emmena sur une planète où il rencontra Jésus, Moïse, Bouddha et quelques autres... Il apprit des extraterrestres que notre planète allait être détruite par une guerre atomique généralisée. Ce n'était guère original dans ces années-là, à l'époque de la tension entre États-Unis et Union soviétique. Pourtant, ou peut-être justement grâce à cela, le message de Vorilhon-Raël fut et est encore très bien reçu. Sa doctrine enseigne que l'homme est une création des Élohim – selon l'enseignement raélien, c'est par erreur que ce mot, issu de la Bible, a été traduit par « Dieu » –, lesquels sont des génies de la science, sans commune mesure avec la pauvreté des savants humains : ils ont, très précisément, vingt-cinq mille ans d'avance sur les Terriens. Selon les Élohim et Raël, Dieu n'existe pas, la tour de Babel était un missile que les hommes destinaient à une exploration de l'univers, et le Déluge fut un cataclysme provoqué par les Élohim eux-mêmes.

Le mouvement raélien est une formidable pompe financière. Les adeptes – un peu plus de 2 000 en France et peut-être 30 000 dans le monde – doivent verser 3 % de leurs revenus au groupe, et les « guides » (les plus élevés dans la hiérarchie) 7 %, dont 1 % est directement réservé au chef. Les adeptes hommes doivent se laisser pousser cheveux et barbe pour mieux capter les ondes cosmiques. Leurs activités sont incessantes : propagande, séances de « méditation sensuelle » ayant pour but de s'éveiller à la vie extraterrestre, semaines « planétaires » pour l'accueil des Élohim, et tout cela sans négliger la vie professionnelle.

Raël prône la géniocratie : seuls devraient voter les humains dont l'intelligence est supérieure de 10 % à la moyenne ; les candidats aux diverses élections devraient, eux, avoir une intelligence supérieure de 50 % à la moyenne.

dans un précipice. Les arguments que vous trouverez alors dépendent de la croyance à laquelle il adhère. Vous pourrez peut-être le convaincre que c'est une erreur grave de se retirer du monde en entrant dans une communauté fermée. Ou que c'est insensé de préparer la venue des extraterrestres : s'ils existent et s'ils sont si puissants qu'il le dit, pourquoi ne nous détruisent-ils pas tous ou au contraire ne nous « améliorent-ils » pas tous ? Ou encore qu'avant de consacrer sa vie à un gourou il faut peut-être laisser passer le temps d'une réflexion approfondie.

Vous pouvez découvrir d'autres arguments en partant toujours de l'idée qu'une croyance bizarre ou un engagement définitif doivent être confrontés aux autres visions du monde. Ne pas s'engager sur un coup de tête et se donner du temps est un argument réel contre l'irréparable, car c'est bien de cela dont il s'agit. En adhérant à une secte, il

est impossible de revenir en arrière si l'on comprend que l'on s'est trompé, puisque toute la vie de l'adepte est alors moulée par la pensée et les tâches de la secte. La quitter, ce serait comme changer de planète.
Si votre ami est déjà allé trop loin, s'il est devenu un adepte convaincu et chevronné, vous n'aurez malheureusement aucune chance de le détourner de sa voie, car son raisonnement tournera déjà en vase clos. Il ne vous écoutera pas plus de quelques instants. Ce n'est plus vraiment votre copain que vous avez en face de vous, mais le simple représentant d'une véritable machine, la secte, dans laquelle les individus ont voué leur vie à un combat.
Vous avez alors tout intérêt à ne pas insister, car vous risquez d'y perdre beaucoup vous-même. En effet, si vous vous lancez dans une mission impossible et que vous échouez, vous allez culpabiliser. C'est inévitable, du moins si vous vous êtes donné à fond, avec conviction. Et alors ce sera peut-être dramatique, pour vous, à cause d'un échec que vous ne saurez pas vous expliquer.

Si vous voulez néanmoins continuer le combat, il faut passer à un autre niveau, à l'action contre les sectes elles-mêmes, et ne plus essayer de récupérer une personne en particulier. Cette action est d'une tout autre nature que les tentatives individuelles, lesquelles ne sont à votre portée qu'avec les novices et pas avec les adeptes chevronnés. C'est donc « en amont » des adeptes qu'il faut agir : contre la propagation des idées des sectes plutôt que contre leurs adeptes, même si ces victimes tout à fait consentantes peuvent vous irriter parce qu'elles adhèrent en tout point à des croyances extravagantes. Informez-vous et informez autour de vous. Vous pouvez expliquer les dangers que représentent les croyances déliées de la réalité : s'échapper du monde n'est qu'une fuite facile et sans issue. Une fois au cœur de la secte, l'adepte rencontrera d'énormes difficultés à revenir au réel. Les jeunes qui tentent l'expérience doivent savoir que, précisément, ce n'est pas une expérience, car il n'y a aucun retour en arrière.

J'ACHETE L'AVENIR...
J'ACHETE
DUCRETET
THOMSON

2

TÉLÉVISION ET REVUES : ÇA DISTRAIT, MAIS C'EST TOUT !

« La téléréalité fait rêver les pauvres. Ceux qui n'ont pas beaucoup d'argent se disent qu'ils ont vraiment une chance de gagner à un jeu, mais leur chance est infime. C'est bien de rêver, mais à condition de ne pas faire comme certaines copines qui passent des heures devant leur télévision à s'imaginer en train de triompher à la "Star Ac"'. Il y en a qui sont comme ça. À mon avis, elles feraient mieux de travailler en classe. Elles auraient moins de désillusions plus tard. »

Maximilien, 15 ans.

« Je suis interne, et quand on est au dortoir, on se passe les revues qu'on a achetées. Il y a des filles qui lisent des revues qui parlent de stars, de vêtements, de trucs plus hard comme le cybersex ou des choses dans le même genre. En fait, tout le monde les lit, ces revues, et moi aussi. La différence est que certaines les lisent une fois par mois, et d'autres presque chaque soir ! »

Anne-Suzy, 17 ans.

Se distraire avant tout

À la fin de la journée, vous êtes comme tout le monde, vous avez envie de vous détendre. Le plus simple est de regarder la télé ou de prendre une revue. Rien ne vous y oblige, mais vous constatez vous-même qu'après une journée à travailler et à courir dans tous les sens, vous n'avez envie que d'une chose : vous laisser aller. Ne plus penser à rien est la meilleure façon de se reposer ! Or la plupart des émissions télévisées et de nombreuses revues se donnent pour unique but de vous distraire. Rien d'étonnant donc si des millions de Français regardent la télé ou si les revues pour les jeunes ont autant de succès.
Ça marche même tellement bien que vous avez sûrement un copain qui rêve de devenir une vedette de la chanson, et que certaines filles le soir au dortoir du lycée parlent uniquement des potins de stars…

Le bonheur à portée de la main ?

La télévision donne souvent l'impression d'un rêve éveillé ! Des hommes et des femmes comme les autres sont en train de se baigner sur une plage du Pacifique pour le compte d'un jeu télévisé ; d'autres chantent et vont peut-être même sortir un tube et devenir des stars. Sur une autre chaîne, on peut gagner une fortune en répondant à des questions d'une facilité déconcertante. Et dire que si vous aviez été à la place du type qui ne sait pas répondre, vous auriez empoché quelques dizaines de milliers d'euros ! C'est un rêve qui semble à portée de la main.

Mais qu'y a-t-il derrière ce rêve ? Des perdants par milliers, tous ceux qui ont appelé pour s'inscrire et ont vu leur facture téléphonique augmenter ! Tous ceux qui ont cru, en venant au casting pour la prochaine série du jeu, qu'ils étaient « faits pour ça » et n'ont pourtant pas été retenus. Pas facile à vivre quand on est vraiment convaincu que ça peut marcher, que ça doit marcher, que ça va marcher ! Ceux qui croient à ces jeux, à ces manières rapides de gagner beaucoup d'argent sans trop d'effort, sont des millions dans

INFOS

ANNONCE DÉLOYALE

« 100 % des gagnants ont tenté leur chance », disait une publicité pour une loterie il y a quelques années. C'est vrai, mais ce que ne dit pas la pub et qui est encore plus vrai, c'est que 100 % des perdants ont aussi tenté leur chance et qu'ils sont bien plus nombreux que les gagnants ! Avec les jeux télévisés, les très nombreux perdants sont ceux qui y ont cru, qui ont téléphoné pour s'inscrire, n'ont pas réussi car il y a trop d'appels. Quelques semaines plus tard, ils ont constaté que leurs appels étaient facturés très cher sur leur note de téléphone.

notre pays. Cette certitude ne naît pas par hasard dans la tête d'autant de personnes à la fois. Le bonheur proposé par la télévision est créé et entretenu par tout un ensemble de faits, de croyances, d'habitudes. Gagner facilement beaucoup d'argent est une idée vieille… comme la monnaie ! On peut du moins le supposer puisque des mythes antiques racontent la richesse inouïe de certains personnages, comme Midas qui transformait en or tout ce qu'il touchait. De nos jours, ce n'est plus seulement un mythe : on ne compte plus les stars qui font fortune dans la chanson ou le cinéma, les top models célèbres qui amassent depuis quelques années une fortune. Notre société accepte tout à fait une différence de gains colossale entre un ouvrier et une star. À l'heure où le chômage augmente et où le niveau de vie a plutôt tendance à baisser, il n'est pas étonnant que le rêve de l'argent facile fonctionne si bien !

Une compétition déloyale

Ce qui est plus original, c'est de croire que la gloire et l'argent peuvent s'obtenir sans vraiment d'effort. Un mois ou deux passés sur une île ou dans un appartement de luxe, et vous pourriez vous retrouver à la tête d'un joli petit magot ! Même pas besoin d'être roi comme Midas… Vraiment, le bonheur semble à portée de la main… pour l'unique gagnant, celui qui a été sélectionné parmi des milliers d'autres. Le bonheur n'est possible que pour ceux qui gagnent la compétition.

À travers ces émissions-jeux, c'est toujours le même modèle qui est valorisé : celui qui gagne est celui qui écrase les perdants, parfois même en les humiliant. Le fonctionnement des jeux est en effet souvent conçu pour ridiculiser ceux qui perdent, comme dans cette émission très regardée dans de nombreux pays : au départ, si l'on veut gagner beaucoup d'argent, il faut chercher à éliminer au moment du vote ceux qui ne trouvent pas les réponses aux questions posées

et sont donc les plus mauvais. Puis, lorsque peu de candidats restent en lice, chacun a intérêt à changer de tactique et à éliminer ses adversaires les plus dangereux avant le duel final. L'humiliation est à son comble quand la présentatrice demande à chacun d'expliquer son vote. La plupart des candidats ne semblent pas s'apercevoir qu'ils ont accepté une compétition déloyale pour gagner un peu d'argent… Déloyale puisque le but n'est pas que le meilleur gagne parce qu'il connaît la réponse, mais que le plus rusé gagne parce qu'il a éliminé à temps les concurrents les plus dangereux. C'est une compétition où tous les coups sont permis qui est ainsi érigée en modèle.

L'humiliation est tout aussi forte, voire davantage, dans les émissions de téléréalité, au cours desquelles certains candidats sont prêts à accepter n'importe quoi, à mentir, à aller contre leurs propres désirs, pour acquérir de l'argent et une célébrité éphémère. Il est en effet impossible d'en

sortir gagnant sans avoir joué à fond le jeu de la compétition. Le but de ces émissions ne serait-il finalement pas de valoriser des comportements fondés sur la dissimulation, et même parfois le mensonge ? Évidemment, vous n'êtes pas dupe, mais vous les regardez quand même parce que c'est très distrayant.

Les jeunes filles dans le collimateur

Avec les revues, surtout celles destinées aux filles, le type de distraction est différent de celui de la télévision. Elles vous proposent souvent des rumeurs « people » sur des stars en général très éphémères, qui envahissent notre vie simplement parce qu'elles ont réussi. D'ailleurs, si ces stars envahissent notre vie, c'est bien la preuve qu'elles ont réussi. Réussir aujourd'hui, c'est finalement apparaître dans les revues, enregistrer des disques, tourner dans des films… Être vu, entendu, connu, célèbre pour n'importe quelle raison.

Dans ces journaux, vous trouvez donc les derniers potins sur tous les acteurs à la mode, les top models ou les chanteuses en vogue… Pour leur ressembler, on vous propose quelques accessoires de mode qu'il faut acheter pour le prêt-à-séduire, pour avoir le look qu'il faut au bon moment… Des psychologues vous expliquent comment réussir votre « rentrée amoureuse », ou alors votre rupture avec un amoureux, ou encore comment bien s'entendre avec vos ex. Et parfois même des choses bien plus hard.
Au milieu de quelques pages d'information, on trouve des tests souvent drôles et des articles utiles, comme ceux sur les dangers de la drogue ou sur le laisser-aller dans les *chats* sur le Net. Ces articles sont rares, car informer n'est pas le but principal de ces revues. Si elles se vendent si bien, c'est parce qu'elles distraient. Comme la télévision, qui fait fonctionner vos rêves d'argent et de gloire, ces revues s'appuient sur la « machine à fantasmes ». Cette fois, ce n'est plus l'envie de richesse ou de gloire, mais plutôt le rêve de se sentir proche des stars en étant au courant de leurs histoires, ou encore le désir de tout savoir sur les relations amoureuses et sexuelles.

De la rumeur à la presse pour jeunes filles

Ces revues comblent sans doute un vide. C'est ce que tendrait à prouver une histoire arrivée en France il y a une quarantaine d'années. En 1969, un sociologue célèbre, Edgar Morin, enquêta sur une rumeur qui s'était développée à Orléans, à cent kilomètres au sud de Paris. Cette rumeur prétendait que plusieurs jeunes filles avaient été kidnappées dans des boutiques de mode du centre-ville, puis qu'elles avaient été expédiées en Orient pour la fameuse traite des Blanches. La rumeur s'était propagée au point de faire l'objet de nombreux articles dans les journaux nationaux de l'époque.

Edgar Morin chercha à comprendre pourquoi cette rumeur s'était développée alors qu'elle ne reposait sur aucun fait réel. Était-ce parce que les commerçants incriminés étaient presque tous juifs, et que d'autres, jaloux de leur réussite avaient lancé cette rumeur pour les discréditer ? Ce n'était pas du tout le cas !

Le sociologue remarqua que la rumeur avait été propagée d'abord par des lycéennes (première surprise), qui achetaient justement leurs vêtements dans ces boutiques « dangereuses » (seconde surprise). Elles y allaient parce que ce n'était que dans ces boutiques que l'on pouvait trouver des vêtements à la mode, les autres boutiques leur paraissant vieillottes et ringardes. Selon Edgar Morin, c'est parce que ces jeunes filles ne pouvaient pas faire entendre d'une autre façon leurs envies et leurs fantasmes (d'aventure, d'inconnu, même aussi dangereux que la traite des Blanches) qu'elles ont inventé et propagé cette histoire. Il remarqua qu'elles n'avaient pas de lieu culturel à elles, ni de revues ou de romans qui leur soient spécialement destinés. Elles s'étaient pour ainsi dire construit leur propre scénario, qu'elles avaient mis en scène avec leur moyen à elles : la rumeur. Ainsi, elles ne faisaient qu'exprimer un manque tout en essayant de le combler.

Les revues pour jeunes filles d'aujourd'hui remplissent à leur manière un rôle social très proche de celui de la rumeur inventée par les lycéennes d'Orléans. Elles comblent un vide en s'appuyant sur les rêves secrets de leurs lectrices. Elles répondent à leur envie de séduire – à travers des conseils personnels et intimes de tous ordres, des pages de mode –, mais aussi à leur désir de célébrité en évoquant les stars pour lesquelles elles peuvent avoir un coup de cœur.
Le nombre de ces revues est important, et elles trônent en bonne place sur les présentoirs. Des lecteurs – surtout des lectrices – reçoivent son message.
Edgar Morin expliquait encore que certains magazines jouent sur la propagation de pseudo-informations dans lesquelles il devient difficile de distinguer la part du réel de celle de l'imaginaire. Selon lui, la « culture de masse »

réussit à « faire vivre l'imaginaire comme du réel ». Le fait divers ou l'anecdote sur telle ou telle célébrité, qui n'a d'intérêt que pour ceux qui y sont mêlés et devrait rester du domaine de l'imaginaire pour les autres, devient une information à part entière pour certains lecteurs. Il y a pourtant un décalage entre l'information réelle, qui concerne directement le lecteur, et des faits sans conséquences sur sa vie. Il est important de repérer ce décalage.

Sur cette question, les garçons ne sont pas moins touchés que les filles. Même si la plupart de ces revues s'adressent aux filles, cela ne signifie pas que les filles soient plus superficielles que les garçons et qu'elles ne pensent qu'à inventer ou lire des histoires à dormir debout pour s'évader de la vie réelle. Les garçons aussi ont leurs propres rêves de célébrité, à travers l'exploit sportif notamment. Là encore, il y a un décalage entre la réalité – une chance sur des millions de décrocher une médaille d'or aux Jeux olympiques ou de jouer au football en équipe de France – et l'imaginaire entretenu par des revues, des journaux ou des romans.

Le conditionnement

Mensonge et dissimulation à la télévision, mélange du réel et de l'imaginaire dans les revues… Il semble bien que l'on vous propose d'échapper à la réalité tous les jours. Mais si vous vous laissiez prendre par ce genre de distraction au point qu'elles deviennent vos seules détentes, vous finiriez par être « conditionné ».

Le conditionnement suppose que, à force d'absorber certains types de produits culturels, vous en venez à voir le monde à travers les filtres que sont, en réalité, ces produits. Si vous ne loupez jamais une *Star Ac'* ni aucun de ces jeux qui font gagner des millions, comment ferez-vous, alors, pour ne pas croire que le but de la vie est de devenir riche et que, pour devenir riche, il vaut mieux compter sur un passage à la télé que sur la réussite dans vos études ou dans votre travail ? Vous lisez les revues people qui vous parlent à longueur de pages de séduction et vous donnent uniquement des nouvelles des stars… Au bout de quelques années de lecture de ce genre, est-ce que vous pourrez encore comprendre que la séduction n'est pas le but de la vie et que la célébrité est le plus souvent de courte durée ?

Un tel conditionnement débouche sur le danger de réduire le rôle social des filles et des garçons, des femmes et des hommes, à des stéréotypes, à des normes. Les femmes devraient être belles, séduisantes et réussir dans leur vie professionnelle. Les hommes devraient être un brin macho, avoir de l'argent et un bon job. Il s'agit là d'une simplification, mais réfléchissez à l'image des femmes dans notre société : elle est bel et bien fondée surtout sur la séduction

À méditer

UN EXEMPLE DRAMATIQUE DE CONDITIONNEMENT

Dans son livre *La Passion de détruire*, le philosophe et sociologue Erich Fromm raconte une expérience terrible. Afin de mesurer jusqu'où pouvait aller un adulte conditionné, des universitaires demandèrent à des volontaires de participer à une expérience. Ils devaient envoyer une décharge électrique à un homme installé dans un laboratoire, derrière une vitre, s'il ne répondait pas comme il fallait à certaines questions. Pour amener ce cobaye à donner la bonne solution le plus vite possible, la charge électrique envoyée était sans cesse augmentée. En réalité, le cobaye était un acteur, et aucune décharge électrique ne lui était envoyée. Il simulait la réaction aux électrochocs. Le résultat fut que tous les volontaires envoyèrent des décharges au cobaye, à des niveaux mortels, tout cela parce qu'ils étaient convaincus de servir une expérience scientifique ! Pour réussir, le conditionnement n'était passé que par une mise en scène très simple : des scientifiques en blouse blanche, une salle de laboratoire, quelques écrans de contrôle et un cobaye derrière une vitre pour atténuer le contact direct avec les volontaires.

et la réussite professionnelle. Et celle des hommes sur la possession d'argent, d'une belle voiture… Ce ne sont pas des idées qui naissent toutes seules dans le cerveau de chacun d'entre nous. Cela montre donc que le conditionnement, qui ne date pas d'hier, est bien réel !

Du temps perdu ?

Dans la vie qui vous attend, vous avez une chance infime de gagner un million d'euros à un jeu télévisé ou de trouver l'âme sœur lors d'une émission de téléréalité. Et vous ne trouverez jamais un travail parce que vous connaissez le nom du chanteur rock à la mode ou que vous savez tout de la technique du baiser, améliorée par les trouvailles de telle ou telle revue !
Pourtant, ce n'est pas en boycottant systématiquement les émissions et les revues que vous allez décrypter les méthodes qu'elles utilisent. À chaque fois que vous vous distrayez grâce à la télé ou une revue, vous pouvez chercher à comprendre comment tout est construit, pourquoi est-ce que, autour de vous, certains sont scotchés devant leur écran ou les pages de leur journal.

À la télé, vous remarquerez que les émissions de téléréalité ou les jeux sont construits sur un rythme qui bannit le temps mort. Toutes les dix ou vingt secondes, il se passe quelque chose, un fait dont vous voudrez connaître le dénouement. Même si vous prenez l'émission en cours, vous comprenez tout de suite l'enjeu. Vous n'avez jamais la réponse à la première question que vous vous posez (Amélie va-t-elle réussir son évaluation ? Philippe va-t-il être expulsé du château ?) avant qu'un autre thème ne soit déjà abordé, qui à son tour vous donne envie de connaître le dénouement, et donc de rester devant le poste !

Avec les revues, c'est un peu différent puisque c'est moins passif et vous devez faire ou non l'effort de lire. Mais la

question du rythme est, là encore, essentielle. Dans une revue people, vous remarquerez que la mise en page est très dynamique. Les titres des articles sont « choc » et se terminent souvent avec par un point d'exclamation ou d'interrogation. Les intertitres sont en couleurs, de même que certains passages des articles. La typographie est très « flashy », un vrai feu d'artifice, avec des changements de caractères dans un même titre, des couleurs fluo qui éclatent dans la page. En ouvrant la revue, vous tombez tout de suite sur les passages que la maquette met le plus en évidence ; ce n'est pas un hasard, tout est calculé. Ce sont ces intertitres de couleur qui vous donnent envie de savoir ce qui est écrit en dessous.
Les articles sont fondés sur l'idée de vous distraire avec facilité. Ils sont brefs, donc vous pouvez en lire beaucoup sans vous lasser. Si le texte d'un article vous déçoit, ce n'est pas encore perdu car, un peu plus bas, ou alors à la page suivante, d'autres passages émergent du texte, toujours selon les mêmes procédés de base. Les tests sont toujours amusants, quel que soit le résultat ! Ce serait bien étonnant que vous ne trouviez aucun article à lire. En tout cas, soyez certains que ceux qui ont conçu la revue n'ont pensé qu'à vous prendre par la main et ne plus vous lâcher…

Si vous prenez n'importe quelle revue ou regardez n'importe quelle émission de téléréalité, vous comprendrez de vous-même comment fonctionne la mise en condition du téléspectateur ou du lecteur. Cette mise en condition pourrait se limiter à de la détente sans conséquence, mais, si vous la consommez sans modération, elle finira par ressembler à du conditionnement pur et simple.
Vous pouvez vous dire qu'il y a un certain talent à tout cela, car il faut savoir maintenir un rythme pour que le téléspectateur ou le lecteur reste en haleine. Dommage que ce talent soit mis au service d'émissions ou de revues dont il ne faut pas abuser !

Dentifrices du DOCTEUR PÉTERSON
OUI !!!
les Dentifrices du
DOCTEUR PÉTERSON
sont les meilleurs
& les moins chers
PARIS

3

LA PUBLICITÉ RACONTE N'IMPORTE QUOI...

La pilule minceur enfin prête ?

Récemment mis au point, un complément alimentaire présenté sous forme de comprimé aiderait à mincir. Ce nouveau produit est enfin disponible en pharmacie sous le nom de Redasan.

PUBLICITÉ

« La pilule minceur enfin prête ? »

L'encart ci-dessus est apparu dans certains quotidiens français en juin 2005. L'étonnant est qu'il était… en première page, juste à côté du titre, entre le nombre des soldats américains tués en Irak et le gros titre sur le chômage qui ne diminue pas. De loin, en achetant le journal, vous ne pouviez donc lire que le titre de l'encart et vous dire qu'une pilule minceur était peut-être enfin disponible.
Vous imaginez alors qu'il s'agit sûrement d'une découverte importante puisque l'info est donnée en première page. Le point d'interrogation renforce même votre conviction, car sans point d'interrogation, cette information serait apparue comme une bizarrerie, une affirmation publicitaire, justement. Tandis qu'avec ce beau point d'interrogation, vous vous dites que c'est une question à caractère scientifique et vous attendez la réponse. En réalité, d'après la question, celle-ci ne pourra être que « oui ». Le « enfin » suggère que les scientifiques sont arrivés au terme de

longues recherches. Dans le texte, le conditionnel (« aiderait ») tend lui aussi à montrer qu'on est dans l'information et pas dans la publicité. Si vous ne faites pas attention à la mention « publicité » écrite en tout petits caractères en dessous du texte, la seule chose que vous retiendrez est que le produit, vendu en pharmacie, est une véritable pilule minceur.

C'est un exemple de manipulation qu'il est très facile de déjouer puisque, après tout, il y a cette petite mention « publicité » près du texte. Heureusement qu'elle est obligatoire ! Dans le cas d'un article plus long, souvent une page ou même plus, les annonceurs sont obligés de mentionner « Publi-reportage » en haut de la page, mais là encore, ce sera écrit en très petits caractères. Même si on peut espérer qu'une grande majorité des lecteurs ne sont pas dupes, il reste que les annonceurs qui ont commandé cet encadré, sous cette forme, ont à l'évidence voulu maquiller une publicité en information de niveau scientifique. C'est déloyal et manipulateur.

La publicité, comment ça marche ?

Qu'il s'agisse de vendre du shampoing, des vêtements, des CD ou des livres, tous les industriels, commerçants, importateurs, négociants, etc., recourent aux services de la publicité. La publicité n'a pas pour but de vous tromper en exagérant les qualités d'un produit, mais de vous déterminer à l'acheter. Car, au terme de la lecture de la publicité, il y a l'acte d'achat (si tout va bien) ou alors il n'y a rien du tout (et là, le publicitaire a manqué son coup). Alors que la concurrence entre les produits est intense, la publicité ne se prive pas d'utiliser tous les moyens qu'elle juge utiles pour vous convaincre d'acheter un produit plutôt qu'un autre.
Depuis qu'elle existe sous sa forme moderne, avec des annonces dans les journaux, la publicité a eu

Dicton

« Sans mentir, on ne vendrait rien. »

tout le temps d'affiner ses méthodes. Elle agit selon des techniques qui sont très bien connues et qu'expliquent les manuels de publicité ou encore les ouvrages écrits par les publicitaires eux-mêmes, qui racontent leurs plus grands succès, leurs échecs, leur méthode de travail.
La publicité fait la plupart du temps appel à nos pulsions plus ou moins intimes et secrètes. Si la pub associe une femme sexy à une voiture, ce n'est bien sûr pas parce que la femme est vendue avec l'auto, mais pour suggérer que l'acheteur de la voiture est potentiellement le « possesseur » de cette femme sexy. Si telle actrice fait de la pub pour un savon ou une salade minceur, là encore c'est parce que le publicitaire veut vous faire croire que vous allez entrer dans l'intimité de cette actrice en utilisant le même savon qu'elle ou en mangeant la même salade toute prête.

Tout cela semble assez grossier, et même ridicule dans le cas des lessives et des produits d'entretien, qui sont toujours associés à la pureté, à la blancheur, à l'odeur agréable (ce qui n'est pas tout à fait pareil que la simple propreté !) et à la femme. Car, dans les publicités, elle est presque toujours la seule à s'occuper de cette partie des tâches ménagères. Pour les lessives, les manuels de publicité affirment même que ce n'est pas la peine de tenter autre chose que l'annonce de base « plus blanc que blanc » : l'expérience prouve qu'il n'y a que ça qui marche. Les publicitaires

À méditer

MENSONGES DE LA PUB

Les situationnistes – un groupe révolutionnaire des années 1960-1970 – disaient que chaque nouveau mensonge de la publicité était l'aveu de son mensonge précédent. En effet, cela fait au moins un demi-siècle que les lessives « lavent encore plus blanc », et si c'était vrai, il ne nous resterait plus un seul vêtement de couleur !

qui ont essayé de glisser de l'humour dans les travaux ménagers ont raté leur cible. L'un des cas les plus fameux remonte à une trentaine d'années (ce qui prouve à quel point ce fut un échec car aucun publicitaire n'a osé recommencer depuis). Il s'agissait de la lessive Ala « aux enzymes gloutons » qui n'a pas duré plus de quelques mois. La publicité télévisée faisait rire les enfants : elle montrait des enzymes en forme de Martiens très rigolos, qui se battaient pour dévorer les taches. Mais voilà, ça ne faisait pas sérieux, et les mères de famille n'achetèrent pas Ala. Depuis, c'est bien connu dans le milieu publicitaire, seule la prétendue preuve « scientifique » de l'efficacité de la lessive compte.

Cependant, dans d'autres domaines, de nombreuses publicités utilisent le ressort de l'humour, tout en évitant de mettre en avant l'image d'une femme sexy ou d'une célébrité. Dans ces publicités moins « basiques », l'humour dédramatise le fait d'acheter, de dépenser son argent, qui peut être un choix parfois difficile. Grâce à l'humour, l'acte

d'achat revêt une autre dimension. Ainsi, l'une des publicités les plus célèbres des années 1980 montrait un blue-jean flambant neuf au beau milieu du désert, mais celui qui le portait n'était déjà plus qu'un squelette ! La publicité disait que ce jean, bien plus costaud que celui qui le portait, était « taillé pour l'aventure ». C'était un humour tellement excellent que ce fut l'une des toutes premières publicités à obtenir un taux de reconnaissance de 100 %, ce qui signifie que la totalité des gens qui avaient vu cette pub savaient quelle marque de jean elle vantait. Le taux de reconnaissance est mesuré par enquête, et il est très important pour les publicitaires, qui redoutent que les clients potentiels remarquent leur publicité, mais aillent acheter le produit concurrent parce qu'ils n'ont pas identifié la marque… Dans ce cas, c'est bien grâce à l'humour que ce taux de reconnaissance exceptionnel a été atteint.
La publicité peut aussi utiliser de façon subtile des références culturelles qui placent le produit dans un cadre valorisant. Toujours pour un jean, une autre marque a utilisé une esthétique « western » et proclamé que porter ses jeans permettait d'entrer dans la « légende » de l'Ouest américain. À chaque fois, il s'agit de donner un plus au produit, un atout qui pourrait déclencher un acte d'achat. Replacer le produit au milieu d'un univers de fiction est en effet une méthode publicitaire qui valorise l'achat, en donnant une dimension mythique au produit convoité.

Vous vendre de tout par tous les moyens

Pour vous pousser à acheter, les pubs destinées aux ados utilisent aussi des méthodes « basiques ». Les publicitaires font poser des filles et des garçons à la mode pour vous vendre toutes sortes de produits. Ce sont ceux qui, déjà, vous vendent des CD ou tournent dans des films. Joss Stone fait un tabac avec son dernier album ? Elle fait aussi de la pub pour des vêtements, de même que Theodora Richards, la fille du Rolling Stone Keith Richards. Pour

Infos

LES PUBLICITÉS ET LA JEUNESSE

Les publicités pour la jeunesse ont été interdites par la loi jusqu'en 1986, date à laquelle la loi sur la liberté de communication audiovisuelle les a autorisées. Depuis, c'est le déferlement !

vous faire acheter des céréales, Tony Parker est mis en scène dans des spots télévisés… Et ainsi de suite.
Mais la publicité pour les jeunes n'utilise pas que ces artifices évidents. Ainsi, les revues pour ados ne présentent presque jamais une photo sans énumérer la liste des vêtements et accessoires portés par les mannequins, leur prix et le magasin où se les procurer. La photo n'est plus qu'un simple prétexte à la publicité. En feuilletant ces magazines, vous finissez même par vous demander si ces photos sont là pour vous donner des idées de vêtements ou pour illustrer un catalogue de vente par correspondance.
Les articles de la presse people sont eux aussi souvent des publicités déguisées. Ils n'évoquent que des personnages qui sont sur le devant de la scène, pour une raison ou pour une autre (film, CD, concert, livre, etc.), et dont vous êtes susceptible de devenir le client en allant voir leur film, en achetant leur CD ou leur livre.
En résumé, c'est du commerce à tous les étages : les vedettes de la presse people sont là pour vendre leur CD ou leur film ; dans le même temps, elles vendent leurs services aux publicitaires pour lesquels elles présentent des vêtements ou des accessoires de mode. Ces vedettes finissent par devenir de purs produits commerciaux.
Chanteurs, acteurs, personnages célèbres sont prêts à tout pour que vous les voyiez partout, pour que vous ne les oubliiez surtout pas trop longtemps. Ce qui compte avant tout pour eux, c'est de se faire leur propre publicité. Sans publicité, pas de réussite !

La publicité est-elle indispensable ?

La publicité est nécessaire. Mais est-ce la publicité ou la connaissance de ce que l'on achète qui est nécessaire ? Si vous voulez vous acheter un CD ou une chemise, sur quels critères allez-vous vous décider ? Voulez-vous essayer un vêtement ou écouter le CD avant de l'acheter ou êtes-vous prêt à acheter quelque chose sur la simple confiance que vous faites à un slogan, à une image que la publicité vous donne du produit ?
Comme on ne peut pas acheter toujours les mêmes choses, ni essayer tous les produits, il faut bien que quelque chose déclenche le processus d'achat. La publicité est là pour ça. Son rôle n'est pas de vous informer sur le produit. Elle cherche à vous pousser à l'acquérir, rapidement, car le temps et l'espace coûtent cher. À la télévision, en effet, les espaces publicitaires sont hors de prix ; la publicité coûte moins cher dans les journaux et à la radio, mais son coût est fonction de l'audience de chaque titre : si un journal se vend bien, la publicité y est plus chère.

Et si nous imaginions un moment que la pub n'existait pas… Que se passerait-il ? En théorie, les marchandises coûteraient moins cher puisque le coût de la publicité, qui fait partie du prix du produit, serait réduit à zéro. Mais ce ne serait pas la seule conséquence : certains prétendent que la consommation chuterait parce qu'il n'y aurait plus ces stimuli qui nous poussent à acheter. Les produits coûteraient donc plus cher à fabriquer puisqu'il s'en vendrait beaucoup moins. C'est le serpent qui se mord la queue : la publicité déclenche les stimulations qui poussent les acheteurs à dépenser leur argent, donc… à payer la publicité contenue dans le produit que la publicité leur a fait acheter ! Aujourd'hui, la publicité est une nécessité, pour les acheteurs et les vendeurs, disent la plupart des entreprises et… les publicitaires ! Elle est même l'une des principales armes dans la lutte pour la survie que se livrent les marques : les produits doivent absolument capter votre attention et vous donner envie de les posséder. Et à ce jeu-là, tous les coups sont permis.
Face au déferlement de la publicité, vous n'avez qu'un seul moyen de vous exprimer : en décidant d'acheter ou pas un produit. Quel que soit votre choix, oubliez la publicité lorsqu'elle vous manipule trop, faites abstraction de son discours superficiel, et retrouvez sous son vernis ce dont vous avez réellement envie et besoin !

À méditer

TF1 ET COCA-COLA

« Ce que nous vendons à Coca-Cola, c'est du temps de cerveau humain disponible. » C'est ainsi que le directeur de TF1 définissait sa chaîne en 2004. Selon lui, TF1 est là pour vendre des espaces publicitaires à des entreprises qui ne voient les consommateurs que comme des cerveaux pouvant choisir de dépenser leur argent. Cette déclaration a beaucoup choqué : ceux qui croyaient que la télé était avant tout un outil d'information et de culture ont été détrompés !

Tu es un homme.
Va en Indochine
défendre la liberté
tu deviendras
un CHEF !

4

LES POLITICIENS SE MOQUENT-ILS DE NOUS ?

« Je trouve que les hommes et les femmes politiques ne jouent pas leur rôle. Par exemple, la planète va mal, le climat se réchauffe et ça provoque des cyclones terribles. En France, il y a beaucoup trop de camions qui traversent notre pays et qui polluent. C'est aux politiques de faire savoir que des solutions existent, comme le transport des camions par chemin de fer ou l'imposition de normes plus strictes pour limiter très vite la pollution. C'est aussi à eux de faire évoluer la société. Mais ils et elles font quoi ? Rien ! Ou du moins ils font juste ce qu'il faut pour être réélus. Ça me dégoûte de la politique. Moi, j'ai le droit de vote puisque j'ai dix-huit ans, mais je ne me suis pas encore inscrite sur les listes électorales et je ne sais pas si j'irai voter. Je n'aime pas qu'on me prenne pour une imbécile. Et les politiques, les hommes comme les femmes, nous prennent vraiment pour des crétins. »

Coline, 18 ans.

C'est quoi au juste, la démocratie ?

La politique, ça finit par devenir comme la publicité : vous avez du mal à y croire ! Coline espérait que les politiciens pouvaient être autre chose qu'un produit marketing. Mais voilà, elle est déçue, et elle n'est pas la seule. Pour elle, les hommes et les femmes politiques passent plus de temps à faire des promesses et à échafauder des projets sans lendemain qu'à se mettre à la tâche. Elle n'a plus confiance en eux. Tout cela ne serait pas très grave si le système politique actuel n'était pas fondé sur la démocratie, donc sur le vote de citoyens responsables, qui sont bien informés de ce qui se passe et votent pour leurs représentants en toute connaissance de cause. Or ce sont les politiques qui doivent informer les citoyens des problèmes du moment et de leurs actions. Cette partie de leur travail est même essentielle si l'on veut que le peuple exerce réellement le pouvoir par l'intermédiaire de ses hommes et femmes politiques.

La démocratie existe depuis les cités de la Grèce antique. Il y a 2 500 ans, le peuple *(dêmos)* exerçait le pouvoir *(kratein)* au moyen des réunions à l'agora, la grande place commune. Dans les cités, tout le monde se connaissait et les citoyens se réunissaient pour discuter des décisions à prendre. Après discussion, il suffisait de voter. Chacun était donc responsable des décisions politiques. Mais pour exercer véritablement leur pouvoir, les citoyens grecs devaient passer beaucoup de temps à se réunir, au point qu'ils ont fini par se lasser de ces votes incessants. Pour les obliger à participer aux réunions publiques, il a fallu les indemniser. Ce fut la première limite à la démocratie, puisque les citoyens eux-mêmes ne s'intéressaient plus assez à ce système.
Ce ne fut pas la seule limite de la démocratie. En effet, une cité comme Athènes n'était pas aussi démocratique qu'on pourrait le croire : les femmes n'avaient pas le droit de vote, pas plus que les métèques (les étrangers établis à Athènes), et encore moins les esclaves, qui étaient soumis en tout à leurs maîtres. Les citoyens qui exerçaient le pouvoir n'étaient donc qu'une petite minorité.

Quelque vingt-cinq siècles se sont écoulés depuis cette époque et la situation générale de notre monde a beaucoup changé. La démocratie s'est installée dans de très nombreux pays. Mais, comme vous vous en apercevez en lisant les journaux ou en écoutant les informations, les problèmes que doivent résoudre les hommes politiques sont devenus de plus en plus nombreux et de plus en plus complexes, car les décisions sont souvent liées les unes aux autres. Par exemple, décider aujourd'hui de combattre le terrorisme, c'est aussi augmenter le contrôle policier, et il faut alors se demander comment concilier sécurité et liberté ! Sans oublier que de nos jours, presque toutes les décisions politiques débordent le cadre des frontières : il faut donc prendre certaines décisions au niveau international. Fini l'époque de l'exercice de la démocratie à partir de l'agora d'une simple cité !

Peut-on faire fonctionner la démocratie ?

L'exercice concret de la démocratie devient donc lui aussi d'une extrême complexité. Si la mission des hommes politiques est de vous informer sur tout, c'est une mission impossible ! Non seulement parce que vous ne pouvez pas vous intéresser à l'ensemble des problèmes, mais aussi parce que ceux-ci sont tellement complexes que, dans de nombreux cas, il faudrait être un spécialiste pour les comprendre. Or, comme il est impossible d'être un spécialiste de tout, la tentation est grande, pour les politiques, de ne pas vous informer de manière complète et de prendre les décisions en s'entourant de cercles de « spécialistes ». Et quand ils se tournent vers les citoyens pour leur faire accepter les décisions prises, les politiques ont tendance à n'insister que sur ce qui leur semble le plus important pour obtenir leur accord… et rester au pouvoir ! Leur justification est simple : s'ils veulent réellement mettre en pratique un programme et que vous leur faites confiance, alors il faut bien qu'ils obtiennent les votes qui sont indispensables en démocratie pour se maintenir en place et avoir du temps pour mener leur politique. Pour cela, ils peuvent bien commettre quelques petites entorses à la démocratie : les citoyens n'ont peut-être pas besoin de connaître toujours le contenu exact du programme pour lequel ils votent ! Ce qui compte, c'est qu'il soit finalement possible de mettre en pratique les décisions.

Ce raisonnement aboutit à des contradictions, et même à des aberrations. Le cas de la Constitution européenne est révélateur. Très peu de Français ont lu l'intégralité du texte, ce qui ne les a pas empêchés d'aller voter en mai 2005. Si les électeurs n'ont pas lu ce texte, ce n'est pas parce qu'ils se moquaient de ce pour quoi ils votaient, mais plutôt parce qu'il était trop long et les questions qu'il soulevait trop complexes. Pourtant, il fallait bien aller voter... Pour résoudre cette contradiction, les différents partis ont mis en avant les points qui leur paraissaient décisifs pour emporter l'adhésion des électeurs en faveur ou non de la Constitution. L'information qu'ils ont fait passer était loin d'être une explication objective des enjeux. Pour arriver à leurs fins, ils ont préféré les outils de la propagande.

Définition

Désinformer
Diffuser sciemment une ou plusieurs fausses informations donnant une image déformée ou mensongère de la réalité, notamment en utilisant les médias, les techniques d'information de masse. »
Petit Larousse illustré

Les méthodes de propagande

Quand on écoute les politiques, il est assez facile de décoder la méthode qui leur permet d'amener leurs idées et de ne pas dévier de la voie qu'ils se sont tracée. La propagande politique est devenue depuis longtemps une quasi-science, qui se donne pour objectif d'amener la réflexion des citoyens sur certaines pistes et d'en exclure d'autres. Elle commence toujours par la suggestion, qui consiste à faire savoir qu'une idée existe. C'est une amorce, comme à la pêche lorsqu'on veut attirer les poissons. Une fois que l'idée s'est à peu près installée commence une période

Votez pour moi je suis votre avenir !
CANDIDAT LELOUP

d'incubation : on n'évoque l'idée qu'à demi-mots, presque comme si on l'oubliait, afin qu'elle fasse son chemin dans les esprits, ce qui peut prendre du temps. Puis, quand l'idée a bien mûri, on finit par en reparler de façon ouverte et régulière, pour qu'elle monte en puissance, si l'on peut dire. Enfin, si la propagande a bien réussi, l'idée de départ est devenue l'évidence que chacun accepte.

Parfois, l'idée s'impose très vite. En 1789, les révolutionnaires français avaient déjà compris que les discours étaient au moins aussi importants que les faits s'ils voulaient imposer dans le public une idée, même sans bases concrètes. Ainsi, le jacobin Saint-Just, l'un des plus proches amis de Robespierre, n'hésita pas à proclamer à la tribune de la Convention que Danton était un agent au service de l'étranger. Pour l'éliminer, il l'accusa d'avoir servi la tyrannie, ce qui, à l'époque, signifiait avoir été au service d'une monarchie (le roi de France ou un autre souverain européen). En mélangeant des faits réels comme la fuite de Danton de Paris en 1791, à un moment où il jugeait sa vie menacée, à des faits purement imaginaires comme la tentative de susciter une guerre civile en France, Saint-Just parvint, par un simple discours, à dresser de son adversaire un portrait mensonger. Ce discours fut largement responsable de la condamnation à mort de Danton. En quelques semaines, Saint-Just avait atteint son objectif.

Parfois, l'idée met plus de temps à incuber et à triompher. C'est le cas de la construction européenne. À la fin de la Seconde Guerre mondiale, la situation européenne était marquée par le conflit qui venait d'ensanglanter le continent. Seuls quelques rares hommes politiques étaient partisans d'une fédération d'États européens. Ils se heurtèrent à l'immense majorité de leurs concitoyens, encore marqués par la haine de ceux qui avaient été, quelques années plus tôt, des ennemis. Il fallut compter sur le temps pour diffuser peu à peu l'idée nouvelle, mais aussi faire travailler la propagande pour que les citoyens d'Europe acceptent le rapprochement de leurs pays. L'Union européenne s'est construite en plusieurs étapes, étalées sur plus d'un demi-siècle, mais c'est une période très brève à l'échelle de l'histoire, surtout pour une tâche historique aussi complexe. Pour réussir, il fallut utiliser certains artifices de la propagande, comme les gestes symboliques du rapprochement franco-allemand (entre de Gaulle et le chancelier Adenauer, Valéry Giscard d'Estaing et Helmut Schmidt, François Mitterrand et Helmut Kohl). Aujourd'hui, l'Europe est une évidence et l'idée de paix sur le continent semble elle aussi tout à fait banale. La propagande ne sert donc pas qu'à faire accepter de mauvaises décisions, elle peut aussi servir à faire avancer la paix.

Aller jusqu'à la manipulation ?

Quand une idée politique est devenue une évidence pour vous, vous n'allez sans doute pas reconnaître que vous avez été influencé par la propagande. Vous affirmez même que vous êtes réellement convaincu de ce pourquoi vous avez voté, que vous avez pris votre décision en toute connaissance de cause. Pas si simple, pourtant !

Comment démêler la part de l'information et celle de la propagande dans le choix que fait chaque électeur ? D'un côté, l'information se borne à vous donner des faits exacts, et vous devez alors vous déterminer en fonction de ce que vous pensez être prioritaire. La propagande, elle, n'utilise pas des données objectives pour parvenir à ses fins. Elle présente des faits en les interprétant, afin de mettre certains points en évidence et d'en oublier d'autres. La propagande ne serait-elle pas de la manipulation ?

Le mot « manipulation » n'apparaît jamais chez les spécialistes de la propagande politique, car ils préfèrent parler de « psychologie des foules », de « communication » ou encore de « marketing politique ». Dans les médias, vous entendez très souvent ces deux dernières expressions, qui correspondent à un ensemble de techniques qui visent à arriver à des fins que l'on s'est fixées au départ, exactement comme un outil qu'on manipule pour créer un objet. Le mot « manipulation » a un sens péjoratif, mais il désigne un processus réel et une véritable méthode, qui repose sur la manipulation des foules.

La base de cette science de guidage des esprits a été définie par un Français, Gustave Le Bon (1841-1931), dans son ouvrage *Psychologie des foules*, paru en 1895. Il y explique qu'il est plus facile de manipuler une masse qu'un individu. En effet, l'individu a des sentiments complexes ; pour le comprendre et a fortiori pour le manipuler, il faut d'abord très bien le connaître, chercher les biais par lesquels on peut l'influencer. Alors seulement on peut tenter une manœuvre… qui n'aboutira d'ailleurs pas si l'individu est conscient de la manipulation. Avec une foule, les choses se passent de façon différente. Il s'agit de présenter des idées simples, que tout le monde va comprendre, et de susciter des émotions, des mouvements dans la masse, d'approbation de ce que dit l'orateur et de désapprobation des thèses opposées. Peu à peu, l'orateur fait monter la tension, il stigmatise ses adversaires et fait valoir ses propres idées. S'il est habile,

Pour en savoir plus

ET LES MÉDIAS DANS TOUT ÇA ?

Après Gustave Le Bon, de nombreux auteurs ont continué à approfondir la recherche sur la propagande et la manipulation. Tous font entrer dans leur analyse les médias, qui amplifient à chaque fois le discours des politiques. Le fondement de leur analyse reste le même : le pouvoir cherche à se maintenir et à mobiliser la société par tous les moyens possibles, et les médias sont l'un des outils les plus puissants pour y arriver. Pourtant, les médias ne sont pas non plus des machines dociles au service de la propagande politique. Ils peuvent jouer eux aussi leur propre rôle s'ils savent résister aux pressions du pouvoir politique.

il peut amener la foule là où il le voulait. Bien entendu, chaque individu dans la foule n'est pas forcément convaincu par les propos de l'orateur. Mais l'adhésion de la masse est un argument en soi : celui qui pense de façon différente pourra être convaincu par l'argument du nombre. Si la foule est d'accord, alors c'est sans doute qu'elle a raison, et il faut la suivre.

Quel que soit le régime politique, il existe de nombreuses techniques de manipulation de masse, qui peuvent aboutir à des prises de décisions parfois très importantes. En France, en 2002, entre les deux tours de l'élection à la présidence de la République, une rumeur s'est très largement répandue, à la fois par le bouche à oreille et par Internet. Selon ce bruit, des agents des Renseignements généraux (chargés de sonder l'opinion pour le compte de l'État) donnaient un taux de vote pour Jean-Marie Le Pen d'au moins 40 %, voire 45 %. Bien sûr, Jacques Chirac n'a pas été élu à cause de ce bruit qui courait partout d'une possible victoire de Le Pen, mais, en tout cas, des gens qui s'intéressaient de très près à la politique ont été convaincus de la réalité de ce chiffre... Ils ont été abusés par une fausse nouvelle, sans doute propagée par les adversaires de Le Pen, alors qu'il était à l'évidence improbable que le dirigeant du Front national puisse gagner l'élection vu la très grande majorité de Français qui lui sont hostiles. Il s'agissait de mobiliser la partie de l'électorat qui n'avait pas envie de voter Chirac, mais ne voulait surtout pas de Le Pen. La réaction de ceux qui ont lu ce message sur leur ordinateur a été individuelle, bien sûr, mais très souvent similaire. La plupart ont pensé qu'il s'agissait d'une information réellement confidentielle, très inquiétante, et qu'il fallait donc aller voter Chirac. Ceux qui ont eu un doute ont eux aussi opté pour le vote Chirac. Très rares ont été ceux qui n'y ont pas cru du tout.

Finalement, c'est comme si la propagande était intégrée et acceptée par chacun. Le décodage, qui vous permettrait de réagir en disant « non, là on cherche à me faire croire n'importe quoi », est aléatoire. Car si les rumeurs et les fausses nouvelles sont parfois grossières, elles peuvent aussi être subtiles, et il devient alors très difficile de distinguer le vrai du faux. Si vous suivez de près les informations et écoutez les discours politiques sans avoir en tête que chaque discours peut être à tout moment de la propagande, vous pourrez finir par croire n'importe quoi. Comme, par exemple, que l'Irak détenait des armes de destruction massive en 2002. Cette assertion a été tellement répétée par les hommes politiques des pays bellicistes qu'elle a abouti à une guerre et à la destruction d'un pays. Le comble est que, un an après le conflit, son principal responsable, le président des États-Unis, a reconnu qu'il n'y avait aucune arme de destruction massive en Irak sans que cela suscite un tollé général et entraîne sa démission. Le comble, en effet, car cela tend à prouver que les citoyens des pays qui ont participé à la coalition contre l'Irak acceptent qu'on les ait trompés.

Citation

« En temps de guerre, la vérité est si précieuse qu'elle doit toujours être entourée par une muraille de mensonges. »
Winston Churchill, Premier ministre britannique durant la Seconde Guerre mondiale.

La démocratie et la critique

Malgré ces dérives, il y a de nombreuses façons de participer à la démocratie et d'essayer de l'améliorer, de la faire bouger. Ne pas aller voter en est une, même si cette décision choque certaines personnes. Si la démocratie ne respecte pas le programme qu'elle annonce, le fait de ne pas aller voter est pour certains une façon de sanctionner le système. On peut l'affirmer pour une partie au moins des abstentionnistes, même s'il n'existe aucune analyse vraiment fiable et à long terme de ce que signifie leur refus de vote.
Pour aller plus loin que la critique par l'abstention, beaucoup ont imaginé de nouvelles formes démocratiques, qui aboliraient la manipulation. Les anarchistes, par exemple, se déclarent souvent partisans de la « démocratie directe ». Selon eux, on pourrait élire des représentants qui devraient avoir un mandat précis (tout ce qu'ils pourraient dire et faire serait précisé avant qu'on les élise) et qui seraient révocables à tout moment. Ainsi, s'ils outrepassaient leur mandat, ils devraient être immédiatement destitués et remplacés. Bien sûr, le problème avec un tel système est que les citoyens seraient sans cesse en train de voter et de vérifier que les représentants élus ne transgressent pas leur mandat… Cela semble difficilement réalisable dans le monde tel qu'il est.
Le rêve d'une démocratie parfaite semble donc pour le moment inaccessible. Peu importe, car la critique n'est pas improductive. S'il peut paraître ridicule de tout critiquer et de ne rien proposer, il est encore plus inquiétant de ne rien critiquer et de tout accepter. Rien ne vous oblige à accepter ce qui est le plus évident pour tous si vous pensez que cela peut être amélioré. Mieux encore : la critique fait à l'évidence partie de la vie démocratique, et cette fois au sens le plus noble du terme. S'exprimer, c'est bel et bien exercer l'une des libertés fondamentales que nous avons. La critique marque une prise de conscience des individus, même si elle part du sentiment décourageant que, même en démocratie, la manipulation est de la partie.

En politique, « le faux est un moment du vrai »

En 1967, Guy Debord, l'un des membres de l'Internationale situationniste, un groupe révolutionnaire, publia *La Société du spectacle*. Il ne s'agissait pas du tout de décrire le fonctionnement du show-biz, mais de montrer que la vie moderne a tendance à devenir une sorte de représentation. L'image que chaque personne renvoie à son entourage et les images qu'elle reçoit des autres comptent autant, voire davantage, que la réalité quotidienne « concrète ». Le spectacle est devenu un rapport social, un rapport entre tous les acteurs de la société. Les rapports concrets et quotidiens entre les êtres humains deviennent secondaires par rapport aux images que nous envoyons de nous et que nous recevons des autres.

Dans le même ordre d'idées que cette analyse, l'Internationale situationniste affirmait que « le faux est un moment du vrai ». Cela signifie que l'image que le pouvoir donne de la réalité est déformée, au point d'être fausse, mais que ce « faux » fait partie de la réalité.

La réalité est déformée par le pouvoir en toute connaissance de cause lorsqu'il cherche à empêcher que l'on se rende compte qu'il agit dans le mauvais sens, sans tenir compte des vrais intérêts et envies de la société. Si l'image envoyée à la foule parvient à empêcher cette prise de conscience, alors la voie est libre pour imposer une politique mensongère, qui peut aller jusqu'à l'oppression. Le pouvoir peut alors espérer se maintenir en place puisqu'il a ôté la capacité qu'ont les individus de réfléchir de façon critique.

Si vous supposez que cette analyse du rôle de l'image en politique est juste, vous comprenez que le pouvoir va prendre toutes ses précautions pour façonner son image, puisqu'elle est l'un de ses outils essentiels pour se maintenir. Sans doute l'image n'est pas plus importante que l'action, mais, dans une « société de la communication », l'action elle non plus n'est pas plus importante que l'image. Les deux niveaux sont liés, ils forment ensemble une politique dont le danger est, selon les situationnistes, de nous leurrer par des images alors que seuls les actes et notre possibilité de les critiquer devraient compter.

Toute compréhension du monde passe alors par votre décryptage de la manipulation en politique. Car lorsque le pouvoir travaille ainsi son image tout autant que son action, alors l'image (le faux) devient un moment de l'action (du vrai). C'est à vous de démêler l'écheveau. C'est la condition pour vous faire votre propre opinion en dehors de toute manipulation !

Science-fiction ?

ORWELL ET BIG BROTHER

Dans son roman politique *1984*, l'écrivain britannique George Orwell crée un personnage tout-puissant et omniscient, que personne ne connaît ni ne peut approcher, Big Brother. Chaque citoyen se trouve sous sa surveillance de chaque instant par l'intermédiaire d'un écran placé dans chaque appartement, qui est à la fois une télévision qui rabâche la propagande officielle et une caméra qui surveille les faits et gestes de chacun. Les deux héros du roman se révoltent, mais ils sont brisés par ceux qui choisissent de servir Big Brother et le mensonge. L'univers que décrit Orwell est tellement sombre et sans issue que l'adjectif « orwellien » est entré dans le vocabulaire politique pour désigner un monde dictatorial contre lequel il semble impossible de lutter, tandis que « Big Brother » est devenu le symbole de la surveillance policière lorsqu'elle outrepasse les limites de la liberté de chacun.

LE PÈLERIN

— .....*Mentez, mentez quand même, mentez effrontément..... ça produit toujours quelque chose!*

L'ABONNÉ, ÉCŒURÉ. — *En effet, oui, à la fin, ça vous dégoûte.*

5

LES MÉDIAS, ENTRE INFORMATION ET MANIPULATION

« Je ne sais pas si on peut se fier aux médias. Les médias, c'est un peu comme les politiques. J'ai du mal à croire à tout ce qu'ils nous racontent. Et puis c'est trop centré sur la violence, le spectaculaire, le choquant. C'est quand même pas seulement ça, la vie quotidienne ! La vie de tous les jours n'est pas un bonheur intégral, mais il y a des choses positives dont les médias ne parlent jamais, et d'autres sujets, comme la violence, qu'on retrouve toujours. Pour essayer d'échapper à ça, j'achète un journal par semaine, mais jamais le même. »

Hicham, 17 ans.

Les médias sont indispensables

Vous constatez chaque jour que le journal, télévisé ou papier, vous permet de construire vos opinions. Sans les médias, comment feriez-vous pour vous informer ? Ce sont les journalistes qui sont les intermédiaires entre les hommes politiques et vous, et d'ailleurs, les politiques le savent et l'acceptent. Ils peuvent parfois s'adresser directement à vous, par exemple lorsque le président de la République prononce une allocution retransmise par la radio et la télévision. Mais le cas le plus fréquent est de très loin la communication via les médias.
Les sources des médias sont *a priori* le plus proches possible de l'événement. Ces sources sont multiples : membres du gouvernement, dirigeants d'entreprises, d'administrations, de syndicats, ou encore personnes bien placées qui maîtrisent tel domaine précis, sans oublier les contacts personnels des journalistes. Les sources écrites sont constituées par les rapports ou bulletins officiels du gouvernement, de telle agence des Nations unies, de tel syndicat ou groupe, etc. Enfin, les agences de presse, qui diffusent des informations brutes, sont évidemment très utilisées par les journalistes qui ne peuvent pas être partout à la fois et rédigent certains de leurs articles à partir de ces dépêches.

Parfois, les journalistes ne se contentent d'aucune de ces sources et se lancent dans un véritable travail d'enquête. Ils questionnent, fouillent, cherchent à comprendre et peuvent découvrir alors des vérités qui, sans eux, seraient restées à tout jamais hors d'atteinte. Car les gouvernements et les politiques peuvent avoir intérêt à cacher certains faits qui, s'ils étaient divulgués, leur feraient perdre leur crédibilité (par exemple lorsqu'un personnage haut placé se fait attribuer un logement à loyer modéré en usant de son influence). Parfois aussi, les politiques mentent, tout simplement. Certains journalistes découvrent ainsi de véritables secrets d'État et font éclater des scandales.
Aux États-Unis, ce sont deux journalistes du quotidien *Washington Post* qui ont mené l'enquête aboutissant à l'*impeachment*, la « mise en accusation », puis la démission du président Richard Nixon, en 1974. Nixon avait fait espionner le parti démocrate (concurrent de son propre parti,

le parti républicain), qui avait son siège dans l'immeuble du Watergate. La police avait surpris des poseurs de micros, mais l'enquête s'était arrêtée là. Les journalistes qui la poursuivirent firent éclater le « scandale du Watergate », qui fut un événement d'une importance déterminante puisqu'il eut des conséquences jusqu'au sommet de l'État.
En France, il n'existe aucune affaire d'une telle ampleur. Mais certains journalistes français enquêtent eux aussi là où on ne les attend pas. Peu avant l'élection présidentielle de 1981, un journaliste prouva que, quelques années plus tôt, le président Giscard d'Estaing avait reçu en cadeau des diamants d'un chef d'État africain peu recommandable, l'empereur du Centrafrique Bokassa Ier. La coutume veut que les présidents de la République déposent tous les cadeaux qu'ils reçoivent officiellement dans un musée qui est chargé de les conserver, et surtout, qu'ils évitent d'accepter ceux d'un dictateur dangereux comme Bokassa Ier. En effet, l'empereur n'avait pas hésité à faire tirer sur des lycéens de son pays. Ces révélations ont sans aucun doute participé à la défaite de Valéry Giscard d'Estaing face à François Mitterrand le 10 mai 1981.
Chaque semaine, partout dans le monde, des journalistes dénoncent des pratiques illicites, des contrats frauduleux ou la corruption de certains dirigeants politiques. S'ils ne menaient pas leurs enquêtes, s'ils ne faisaient pas connaître leurs conclusions, nous serions dans l'ignorance de beaucoup de malversations.

Information et manipulation

Malgré la difficulté de leur travail et leur liberté parfois réduite, la plupart des journalistes exercent leur profession en respectant une éthique, une déontologie (les règles de leur métier), en informant du mieux qu'ils peuvent, en vérifiant leurs dires. Mais certains sont plutôt là pour faire passer une propagande politique ou pour se livrer à la « chasse aux scoops ». Comment distinguer les uns des autres ?

Parfois, vous vous méfiez de certaines informations que l'on vous donne, et vous avez raison. Vous vous souvenez peut-être qu'il y a quelques années, à l'époque où la chaîne de télévision La 5 appartenait à Silvio Berlusconi, des journalistes n'avaient pas hésité à payer des jeunes pour les filmer en train de tabasser une malheureuse victime, afin de « faire un scoop » sur la « violence des banlieues ». La logique du scoop, qui veut que la chaîne télé ou le journal soit le premier à annoncer un événement important, peut faire dériver l'information. On passe alors de l'enquête minutieuse qui dévoile des faits que certains voulaient cacher (le vrai scoop!) au faux scoop, comme la fausse interview de Fidel Castro par Patrick Poivre d'Arvor. Le journaliste avait fait croire qu'il avait rencontré personnellement le président cubain, alors que l'interview n'était qu'un montage… Un mensonge politique relayé de façon unanime par les médias peut même avoir des conséquences aussi graves que le déclenchement d'une guerre. Il est évident que si l'administration Bush et le gou-

Grinçons des dents !

ON PEUT CROIRE SANS VOIR, MAIS S'INFORMER, C'EST AUTRE CHOSE !

Dans le processus d'information, vous ne pouvez pas vous contenter de croire ce qui est écrit. Souvent, vous avez besoin de vérifier ce que l'on vous affirme. Longtemps, la photographie – ou le film – ont semblé un moyen certain de vérifier l'information écrite. Ce n'est plus le cas aujourd'hui car on peut aussi truquer des images et des films. Ainsi, lors d'un reportage sur le voyage du roi de Suède en Lituanie, la caméra montrait des enfants visiblement très joyeux, qui agitaient des drapeaux suédois avec entrain. Quelque chose clochait pourtant : c'était comme si la caméra avait été exactement à côté du roi de Suède, avec lui dans sa voiture découverte. Une fois l'enquête réalisée, il s'est finalement avéré qu'en réalité le journaliste avait demandé à des enfants d'agiter des drapeaux suédois en criant et les avait filmés alors que le roi n'était pas là. Il avait intégré sa séquence au reportage dans un second temps.

vernement de Tony Blair n'avaient pas agité, sous le nez de leurs opinions publiques et par médias interposés, le foulard rouge des armes irakiennes de destruction massive, ils auraient eu plus de mal à convaincre leur pays de se lancer dans la guerre en Irak en 2003. Comment ce genre de mensonges grossiers fonctionne-t-il ? Comment la plupart des journalistes se sont-ils fait abuser et ont-ils cru sans aucun esprit critique les informations qu'on leur délivrait ? Car il faut rappeler qu'il était inouï de croire, sur la base de photos tout à fait banales et surtout contre l'avis de la commission dépêchée quelques semaines plus tôt par les Nations unies, que l'Irak s'apprêtait à lancer une bombe nucléaire. Et pourtant, vous y avez peut-être cru vous aussi, comme beaucoup d'autres personnes autour de vous…

Lors de l'entrée en guerre d'un pays, les moyens de communication sont mobilisés au service d'une cause. En général, celle de leur propre pays, mais pas toujours, car quelques médias se sont quand même opposés à la guerre en Irak. Cependant, un journal qui publierait des nouvelles tout à fait contraires à ce qui est considéré comme l'intérêt national ou qui se réjouirait des défaites de l'armée de son pays risquerait des poursuites extrêmement graves. Cela pourrait aller jusqu'à l'interdiction de sa parution et l'emprisonnement de ses journalistes. Ainsi, en France, lors de la guerre du Golfe en 1991, un écrivain d'investigation célèbre, Gilles Perrault, qui avait annoncé dans la presse qu'il souhaitait la défaite de l'armée française, a dû se rétracter publiquement sous peine d'être jeté en prison.

Le « quatrième pouvoir »

La pression exercée par le pouvoir politique sur les journalistes et la volonté de certains de faire un scoop ne suffisent cependant pas à expliquer pourquoi l'information tourne parfois à la manipulation. Il semble que, dans le système actuel, la manipulation soit considérée comme quelque chose d'inévitable, voire de tout à fait normal. La presse, qui se veut le « quatrième pouvoir » (les trois autres étant l'exécutif, le législatif et le judiciaire), est tentée elle aussi, en fonction de son orientation politique, de grossir certains événements ou au contraire de minimiser l'importance d'autres faits.

Vous ne devez pas oublier que tous les grands médias ont plus ou moins une couleur politique. Certains le disent ouvertement, d'autres sont moins tranchés dans leurs affirmations. Mais tous ont une sensibilité et ils savent qu'ils sont lus ou écoutés par un public qui a souvent les mêmes orientations politiques qu'eux. Ainsi, par les informations qu'elle privilégie, par celles qu'elle ne rediffuse pas vraiment, la presse agit et oriente elle aussi votre vision du monde. Pour mettre en place leur politique tout en évitant les contradicteurs et les opposants, les hommes politiques n'hésitent parfois pas à mentir. Avec la presse, la manipulation est moins directe puisqu'elle ne détient pas le pouvoir exécutif. Elle ne met pas en œuvre une politique, elle ne dirige pas l'État, mais elle participe aux prises de décision des citoyens : elle cherche à les influencer de façon profonde et peut-être plus durable que les gouvernements qui ne restent en place que quelques années. C'est en ce sens que la presse prétend être le quatrième pouvoir, qui façonne l'opinion publique.

Prenons l'exemple de la faim dans le monde. S'agit-il d'un problème fondamental ? Si l'on en juge par le nombre de morts, environ 10 millions chaque année, soit 30 000 personnes chaque jour, la réponse est à l'évidence oui. La faim tue bien davantage que toutes les guerres et tous les actes terroristes réunis. Pourtant, vous constatez que vos médias n'en parlent jamais, sauf à l'occasion des famines, qui ne

À méditer

CNN AU SERVICE DE LA PAIX ?

En 1997, Ted Turner, patron de CNN, a tenu ces propos vraiment surprenants : « Depuis la création de CNN, la guerre froide a cessé, les conflits en Amérique centrale ont pris fin, c'est la paix en Afrique du Sud... Les gens voient bien que c'est idiot de faire la guerre. Or personne ne veut avoir l'air stupide. Avec CNN, l'information circule dans le monde entier et personne ne veut ressembler à un débile. Donc on fait la paix parce que c'est malin. »
Ted Turner n'était sans doute pas informé qu'à l'époque où il tenait ces propos, ou quelques années plus tôt, il y avait la guerre un peu partout dans le monde, en Afrique (Sierra Leone, Liberia, Rwanda, etc.), en Israël-Palestine, en Afghanistan, en Yougoslavie, etc. Il oubliait aussi que CNN était connue dans le monde entier parce qu'en 1991, au moment de la guerre du Golfe, sa chaîne était quasi la seule à retransmettre des images en direct. Elle a donc elle aussi participé à la propagation d'images guerrières et a continué à le faire bien après sa déclaration en couvrant la guerre d'Afghanistan et celle d'Irak. La paix reste encore à construire !

sont pourtant que la partie émergée de l'iceberg, ou encore lorsque l'Organisation des Nations unies pour l'alimentation et l'agriculture (la FAO) publie son rapport. Ces rapports sont, ces dernières années, de plus en plus alarmants. Or, à chaque fois, les médias n'en soulignent que les informations les plus spectaculaires : la stagnation du nombre de personnes sous-alimentées et du nombre de morts de faim, les liens entre famine et guerre ou famine et sida. Ce que vous pouvez en retirer est que la faim est liée à des situations exceptionnelles, à la propagation du VIH ou aux famines dues à des catastrophes écologiques, à des guerres civiles, à la sécheresse. Plusieurs faits fondamentaux sont régulièrement passés sous silence, notamment l'augmentation du nombre de personnes sous-alimentées dans des pays où il ne se déroule pourtant aucun conflit et où le VIH n'est pas particulièrement virulent, comme l'Inde. Certaines causes sont à peine évoquées, voire gommées, comme la responsabilité des agricultures des pays riches dans les famines : elles produisent par exemple du blé et du coton en recevant d'importantes subventions et peuvent ainsi l'exporter à bas prix vers l'Afrique, l'Asie ou l'Amérique latine. C'est un moyen de décourager les producteurs locaux, les réduire à la misère, et finalement accroître la faim dans le monde. Ces faits sont bien connus, et pourtant vous n'en entendez jamais parler. De plus, presque aucun média ne remarque que la FAO a elle-même tendance à modérer son discours puisque le seuil qu'elle retient pour définir une personne sous-alimentée est vraiment bas. Si l'on prenait un autre taux, sans doute plus réaliste, on passerait bien au-dessus du chiffre d'environ 800 millions de personnes sous-alimentées dans le monde. Pourquoi donc ce silence coupable, cette dissimulation sélective ? Selon le directeur de la FAO lui-même, Jacques Diouf, la raison est simple : il n'y a ni volonté politique d'en finir avec la faim, ni

Citation

« La majorité des affamés de notre planète vivent dans les zones rurales du monde en développement, loin des leviers du pouvoir politique et hors de portée visuelle des médias et du grand public des pays développés. »
Jacques Diouf, directeur général de la FAO, *L'État de l'insécurité alimentaire dans le monde*, 2003.

volonté médiatique d'en parler. Du point de vue des médias, la situation de la faim dans le monde n'est pas un sujet porteur. On pourrait ajouter que c'est même un sujet qui dérange car des intérêts multiples sont en jeu…

La fin justifie-t-elle les moyens ?

Quoi que l'on pense du régime de Saddam Hussein et du résultat final de la guerre de mars-avril 2003, personne ne met en doute le fait qu'il y a eu une manipulation orchestrée par le pouvoir et relayée par les médias. Tout le monde l'a avoué, à commencer par le gouvernement des États-Unis par la voix de Colin Powell. Le secrétaire d'État américain a en effet admis qu'il avait été trompé et que l'Irak ne possédait aucune arme de destruction massive. S'il a été trompé, et même si l'on suppose qu'il a cru de bonne foi ses services secrets, il a de toute façon répandu cette fausse information jusqu'à la tribune de l'Assemblée générale des Nations unies, face au monde entier. Le Premier ministre britannique, Tony Blair, a lui aussi dû reconnaître qu'il avait menti à son pays. Pour sa part, George W. Bush lui-même a avoué publiquement qu'il n'existait aucun lien entre les

À méditer

MICHAEL MOORE MANIPULATEUR LUI AUSSI ?

Dans ses films, Michael Moore dénonce les manipulations de l'administration Bush et des grands médias américains, notamment les télévisions, pour entraîner les États-Unis dans la guerre contre l'Irak. Mais certains critiques de cinéma ont reproché à Moore le montage de son film *Farenheit 9/11*. Pour eux, Moore guide le spectateur là où il veut l'emmener sans lui laisser vraiment le temps de réfléchir. La contre-manipulation peut-elle être, elle aussi, une manipulation ?

Des pluies torrentielles et un ouragan s'abattent sur la région.

attentats du 11 septembre 2001 et l'Irak de Saddam Hussein, ce qui est exactement l'inverse de ce qu'il a prétendu durant des mois. Les médias, eux, ont-ils fait leur autocritique ? Certains, oui, mais la très grande majorité d'entre eux fait reposer la faute sur les politiques et eux seuls. N'est-ce pas un peu facile ?

Le lien entre pouvoir et information peut aller jusqu'à la manipulation et au mensonge, ce n'est pas nouveau. En 1949, George Orwell le dénonçait déjà dans son roman *1984*. Le personnage principal, Winston Smith, travaille au ministère de la Vérité, et son métier consiste à « retoucher », en réalité à déformer, les informations pour qu'elles soient toujours conformes à ce que prévoit le grand chef suprême, le dictateur Big Brother. Le travail de Winston Smith consiste donc en un mot à falsifier l'histoire, à mentir. L'information retouchée est ensuite retransmise à tous les échelons du parti, tandis que la masse de la population est de toute façon maintenue dans l'ignorance totale.

Dans son roman, Orwell écrit : « L'ennemi du moment

représentait toujours le mal absolu et il s'ensuivait qu'aucune entente passée ou future avec lui n'était possible. » Selon Big Brother, il n'existait donc pas d'autre choix que la guerre contre « l'ennemi »...

Transposez cette phrase directement à l'Irak de 2003 : Saddam Hussein était montré comme un nouvel Hitler, un Satan. On disait qu'aucune entente passée avec son pays n'avait eu lieu (alors que les Occidentaux lui avaient vendu les produits permettant de fabriquer ses bombes, y compris peut-être ses armes bactériologiques...), et qu'aucune entente future ne serait possible avec lui. Il fallait donc absolument détruire son régime. Et pour y arriver, comme dans *1984*, il a fallu déformer la réalité pour obtenir le soutien de l'opinion internationale.

Ce sont les médias qui ont diffusé le discours mensonger des dirigeants politiques, prétendant qu'il fallait renverser la dictature de Saddam Hussein pour l'empêcher de troubler la paix dans le monde et pour instaurer la démocratie dans son pays. Les médias ont repris ce discours comme s'ils étaient d'accord avec la nécessité de la guerre. Il semble pourtant que le plus important n'a jamais été d'instaurer la démocratie en Irak mais d'abattre le régime de Saddam Hussein à n'importe quel prix.

Voilà qui rappelle beaucoup la célèbre affaire Dreyfus. À la fin du XIXe siècle, un capitaine de l'armée française, de confession juive, fut accusé d'espionnage en faveur de l'Allemagne. Toute l'accusation reposait sur un document qui était en réalité un faux. Lorsque la machination fut découverte, les journaux opposés à Dreyfus affirmèrent que ce document était un « faux patriotique » : peu importe que la pièce accusant Dreyfus soit fausse, de toute façon, au nom de la patrie, il valait mieux que Dreyfus soit coupable. La fin justifiait les moyens. Dreyfus était pour ces journaux « antidreyfusards » le coupable idéal parce qu'il était juif et que l'antisémitisme était alors très virulent. Avec l'Irak, le mensonge aussi a été découvert, et si les médias ne l'ont pas revendiqué comme un mensonge

« patriotique », ils n'ont pas non plus fait une autocritique de leur rôle dans sa transmission. C'est plutôt inquiétant. Orwell affirmait d'ailleurs que « le plus effrayant dans le totalitarisme n'est pas qu'il commette des "atrocités", mais qu'il détruise la notion même de vérité objective : il prétend contrôler le passé aussi bien que l'avenir ». Du 11 septembre 2001 jusqu'en 2003, les gouvernements bellicistes et la plupart des médias sont parvenus, grâce à leurs efforts conjoints, à nous faire avaler n'importe quoi. Et, comme le pensait Orwell, lorsque le discours que nous servent les médias devient de la propagande pure, cela a bien pour but de servir une certaine politique, dont l'horreur se manifeste plus tard : en mentant sur le passé (les armes de l'Irak ou la trahison de Dreyfus), la manipulation permet de contrôler l'avenir (abattre l'Irak ou condamner Dreyfus). Plus grave encore : la manipulation marche même dans des régimes non totalitaires, qui n'ont rien à voir avec le Big Brother d'Orwell !

Tout cela est contraire à l'idée de démocratie, qui implique que les citoyens comprennent ce qui se passe réellement et pourquoi certaines décisions sont prises.

Pour s'informer, il faut douter !

Pour empêcher que de telles manipulations de l'opinion publique aboutissent, il va vous falloir trouver des solutions à votre niveau, pour ne pas vous faire abuser par de fausses informations.

La meilleure façon de savoir si une information est vraie est tout simplement de chercher à la vérifier. Pour cela, il faut réduire le plus possible les filtres entre la réalité et vous. Les médias agissent comme un filtre, puisqu'ils ne diffusent que ce qui leur semble important, dans des termes qu'ils ont choisis et qui ne peuvent jamais être neutres. C'est pour cela, d'ailleurs, que l'on peut encore dire que certains journaux défendent une opinion : les informations qu'ils donnent sont plus ou moins les mêmes que celles de leurs

concurrents, mais la façon dont ils rendent compte des faits varie d'un journal à l'autre.
Il est possible d'éliminer le filtre que constituent les médias, car il n'y a pas que les journaux, la télévision et la radio qui vous informent. Vous devriez parfois prendre le temps de partir à la découverte, grâce à Internet, du rapport officiel de la FAO ou lire ce que proposent les nombreux sites Web « gouv.fr » qui vous donnent, entre autres informations, les lois françaises et européennes sur les OGM, les détails de la prochaine réforme scolaire ou universitaire...
Vous pouvez aussi vous procurer, par exemple, le dernier rapport de l'Organisation internationale du travail (OIT) sur les enfants travailleurs dans le monde, ou celui de l'Observatoire international des drogues, qui vous expliquera les dernières évolutions du commerce mafieux des stupéfiants. Tout cela vous prendra bien sûr du temps, mais pas autant que vous l'imaginez. De nos jours, des technologies facilitent considérablement le travail : l'Internet à haut débit et des moteurs de recherche très performants vous permettent de trouver en un clin d'œil des quantités impressionnantes d'informations !

Vous trouvez ça un peu trop impressionnant ? En tapant « Irak », « Dreyfus » ou « faim dans le monde » dans la fenêtre de votre moteur de recherche, vous allez en effet vous retrouver face à des milliers et même des dizaines de milliers de sites. Là encore, il va falloir trier, car certains sites ne sont pas du tout objectifs et peuvent être des organes de propagande. C'est d'ailleurs tellement compliqué de s'y repérer qu'est apparu, il y a quelques années, un nouveau métier : bibliographe sur Internet. Il s'agit de personnes employées à « faire le tri » entre les sites Web, par exemple pour le compte d'organismes de recherche. Les bibliographes sur Internet ont pour tâche d'opérer une première sélection entre ces milliers d'informations. Vous risquez peut-être de vous transformer à votre tour en véritable chercheur, mais est-ce que ça n'en vaut pas la peine lorsque vous avez des doutes sur la véracité d'une information ?

Peu à peu, si vous cherchez par vous-même à vous renseigner en fouillant toujours au plus près possible de la source, vous découvrirez les petits détails, les oublis minuscules ou plus importants qui font que la réalité s'estompe, et que, finalement, ce que l'on présente comme vérité n'est qu'une demi-vérité.
Devant la masse d'informations quotidiennes, il semble pourtant difficile de vous passer des médias si vous voulez avoir une idée générale de ce qui se passe dans le monde. Sans eux, vous passeriez beaucoup de temps à chercher, recouper, vérifier, contrôler les informations. Il est évident que les médias vous font économiser du temps, et vous n'avez pas d'autre choix que d'accepter que des professionnels cherchent pour vous les informations générales. Mais à une condition : rester vigilant !
N'oubliez pas que les médias (les journaux, la télévision, la radio, etc.) façonnent les informations et les images qu'ils vous proposent ou plutôt vous imposent. Les experts appellent cela de la « communication de masse ». Lorsque vous communiquez avec quelqu'un, vous pouvez lui répondre et engager un dialogue. Rien ne se passe de cette façon entre les médias et vous. Les médias vous envoient toutes sortes d'informations et n'attendent rien de vous en retour. Ils ne communiquent pas avec vous, mais vers

Infos

L'ÉDUCATION AUX MÉDIAS

Certains professionnels de la communication préconisent une éducation aux médias. Il s'agirait d'un enseignement, à recevoir au lycée ou peut-être même dès le collège, qui vous ferait prendre conscience des trucages possibles, des mensonges éventuels, bref, qui aiguiserait votre esprit critique. Lire les journaux ou regarder le 20 Heures à la télévision deviendrait alors un exercice de détective !

vous et le processus s'arrête là. Aucun retour, aucune répercussion directe de la part des destinataires du message, alors qu'on pourrait imaginer que les récepteurs donnent leur avis, demandent à être plus ou mieux informés sur tel point rarement traité. Le seul moyen de donner votre avis est d'acheter ou non le journal, de regarder ou non la télé, d'écouter ou non la radio. Comme pour un produit vanté par une publicité !

N'hésitez donc jamais à chercher à remonter au plus près possible de la source. Quoi qu'il arrive, l'information continuera à représenter un enjeu fondamental dans notre société. Le danger serait de prendre des décisions ou même de voter sans avoir une conscience claire de ce que sont réellement les enjeux. Être trop peu ou mal informé peut entraîner de mauvais choix, y compris dans des décisions vitales pour vous et pour la planète ! Échapper à la manipulation est un vrai choix de société.

non !

6

VIVRE DANS UNE SOCIÉTÉ DE LA MANIPULATION, EST-CE POSSIBLE ?

Nous sommes tous des êtres « communicants » !

Vous passez une bonne part de votre vie à « communiquer », c'est-à-dire à émettre et à recevoir des messages. Pour cela, il faut être au moins deux. D'ailleurs, dans « communication », il y a « com », qui signifie « avec ». Et en effet, il y a toujours un émetteur et un récepteur. Lorsque vous n'êtes que quelques-uns à communiquer ensemble, vous émettez et recevez dans un même mouvement, l'échange est intense et positif.
Positif, mais jamais facile. Il y a des messages de toutes sortes. Certains peuvent être d'une simplicité extrême. Par une mimique, un geste ou un mot, vous pouvez faire savoir à la personne qui est juste en face de vous que vous ressentez pour elle plus que de l'affection. Ce simple geste pourra ne pas être le même selon que vous serez seul ou entouré de tout un groupe d'amis. Même dans ce cas très simple, vous pouvez tromper l'autre, voire vous tromper vous-même en vous laissant « entraîner » à un message auquel vous n'avez peut-être pas assez réfléchi, ou, à l'inverse, en n'étant pas capable d'aller jusqu'au bout de ce que vous aimeriez dire, communiquer, faire passer. Vous pouvez même en arriver à faire croire l'inverse de ce que vous vouliez au départ. Alors, vous finissez par communiquer du « n'importe quoi ». Ce n'est pas du mensonge, avec cette idée que « mentir, c'est mal ». C'est seulement que vous ne parvenez pas à exprimer ce que vous voudriez. Même dans un cas qui paraît simple, ce n'est pas facile de communiquer !

Lorsque la communication est pensée, encadrée et organisée par des États ou des médias, et qu'elle s'adresse à des millions de personnes à la fois, nous passons à un autre niveau de communication. Là, plus question de rapports entre des personnes qui se connaissent. À grande échelle, la communication devient un jeu inégal, qui fonctionne à sens unique. De l'émetteur vers le récepteur, c'est-à-dire vers… vous, car vous êtes toujours le récepteur, et

jamais l'émetteur ! Pourtant, certains continuent à appeler cela de la « communication ».
Si les mots pour désigner ce processus très important de notre vie quotidienne ne sont pas les bons, vous pouvez être certain qu'il se passe quelque chose d'étrange et d'incorrect. Il y a des décalages entre les intentions réelles de ceux qui « communiquent » vers vous et ce que vous comprenez tout au bout de la chaîne. Au niveau national ou international, le risque de vous faire manipuler est cent fois, mille fois plus fort que dans le cadre d'une communication véritable, à deux. Il vous faut comprendre ce qui se passe pour ne pas finir par tout avaler et croire n'importe quoi.

JOURNAUX
Le Sior
IL FAUT LIRE
L'enchaîné
PLUSIEURS
Le Rifago
JOURNAUX
POUR SE FAIRE
UNE IDEE
L'Auxdo
PLUS
JUSTE DE
L'INFORMATION.

Diversité des opinions contre pensée unique

Dans *1984*, George Orwell décrit une société où le mensonge joue un rôle essentiel. Le pouvoir du dictateur Big Brother impose aux membres du parti unique d'écouter à longueur de journée un message qui est de la manipulation pure. Les chiffres, les faits, les programmes sont tous falsifiés afin de prouver que Big Brother ne se trompe jamais. Dans ce roman, la devise du parti unique est elle aussi la preuve de ce mensonge perpétuel : « La guerre, c'est la paix ; la liberté, c'est l'esclavage ; l'ignorance, c'est la force. » Pour que le parti proclame que la guerre est la paix ou que la liberté est l'esclavage, il faut que les individus aient perdu une bonne part de leur capacité à réfléchir ! Pour cela, une seule solution : faire de l'ignorance une sorte de qualité. D'où la dernière partie de la devise, « l'ignorance, c'est la force », c'est-à-dire « votre ignorance est la force du pouvoir » !

Bien entendu, vous ne vivez pas dans le monde décrit par *1984*, mais pourtant, dans certains cas, vous pouvez vous aussi croire des choses fausses. Votre ignorance est entretenue ou utilisée par certains : les sectes, les publicitaires, les hommes politiques… Cette ignorance ne peut être une qualité que pour ceux qui veulent vous tromper.

Pour vous aider à y voir clair, il est inutile de dresser un catalogue de pensées et de croyances interdites. Il vaut mieux vous aider à comprendre par vous-même ce qui se passe. Cela vous laisse la liberté de lire ou de croire ce que vous voulez, y compris… n'importe quoi. Il est en effet essentiel que chacun puisse se faire seul sa propre opinion. La véritable prise de conscience est un processus long et individuel, ce n'est pas quelque chose qui s'apprend.

La diversité des croyances et des opinions est une façon de se prémunir contre la pensée unique, qui peut mener au mensonge totalitaire. En démocratie, la diversité règne et chacun d'entre vous peut se forger ses propres opinions. Mais, dans cette diversité se glissent des rumeurs, des

fausses nouvelles, des mensonges répandus par certains groupes, certaines institutions, qui y ont un intérêt pour de multiples raisons.
Chacun a le droit et la liberté de choisir, de penser, de lire et d'écrire ce qu'il veut (même si, dans certains cas, la propagation de fausses nouvelles est passible des tribunaux). La liberté de la presse a été consacrée en 1789, dans la Déclaration des droits de l'homme. Mais cette liberté peut être un piège si vous ne prenez pas conscience que votre ignorance est la force de celui qui veut vous manipuler, qui veut vous faire acheter tel produit ou vous faire adhérer à telle croyance. Celui-là, en réalité, est votre adversaire. Car si vous ne savez pas former seul votre opinion, vous pouvez perdre votre liberté de choix sans même vous en apercevoir.

Un choix individuel

Si certains utilisent le « droit » de dire ou de faire croire n'importe quoi pour vous abuser et profiter de vous d'une façon ou d'une autre, faut-il que l'État les empêche d'agir ? S'il le faisait, la liberté d'expression serait alors menacée par une loi qui la limiterait. Le fait que certains se servent de la manipulation pour arriver à leurs fins vous pose donc un dilemme : faut-il multiplier les interdictions pour se protéger, ou défendre la liberté de dire ce que l'on veut ?
Si le mensonge gagne du terrain, cela signifie que la liberté est menacée par ceux qui en font un usage détourné, qui se servent de la liberté de parole que leur confère la loi dans un but contraire à la liberté : abuser les autres. Après tout, si trop d'hommes politiques vous racontent des sornettes, si les publicitaires tendent à vous faire avaler des bobards, si les médias déforment parfois la réalité, ils abusent de leur liberté. Mais, face à ces dérives, restreindre la liberté de parole ou de publication ne serait qu'une solution mauvaise et superficielle.
Qui pourrait en effet définir où commence la manipulation et donc poser des interdictions ? En multipliant ces

dernières, nous tomberions dans une sorte de dictature de la vertu, à la manière des jacobins qui, en 1793-1794, se mirent à décider seuls de ce qui était juste ou faux, et qui n'hésitèrent pas à envoyer à la guillotine ceux qui avaient une opinion différente de la leur.
Surtout, la restriction de la liberté serait une solution inadaptée, car si le mensonge et la manipulation se répandent vraiment, c'est que la société va profondément mal. Cela prouve qu'ils font partie intégrante de notre monde. Vous pourriez alors décider de rester passif face à cette réalité et trouver à votre attitude de très nombreuses fausses/bonnes raisons.

Autour de vous, d'ailleurs, certains ont accepté ce système : ils abusent de la liberté et ont adopté la manipulation pour arriver à ce qu'ils veulent. Ils la justifient en disant simplement qu'« il faut savoir ce que l'on veut » et que « la fin justifie les moyens ». Ils pensent que le monde est une compétition, une « lutte pour la vie ». Si l'on veut réussir, il n'y a pas d'autres moyens selon eux que de se lancer dans cette lutte, dans laquelle « tous les coups sont permis ». Ces expressions ne sont pas innocentes : elles débouchent sur l'acceptation de toutes sortes de dérives, et les justifient à tous les niveaux.
Car ce choix individuel a des conséquences plus larges : la manipulation ne reste pas restreinte à quelques individus. Ceux qui acceptent d'utiliser n'importe quel procédé pour arriver à leurs fins bouleversent les règles générales de la société. En cherchant à arriver par tous les moyens au but qu'ils se sont fixé, ils imposent en effet une façon d'agir qu'il est très difficile de contrer. Par exemple, si certains hommes politiques déforment la réalité dans leurs discours, la tentation est grande pour leurs adversaires d'utiliser les mêmes armes qu'eux pour convaincre les électeurs. Il y a alors une surenchère dans la propagande et le mensonge.

Un choix de société

Il semble que, souvent, la manipulation soit tolérée et même acceptée, comme si elle n'était qu'une technique parmi d'autres. Il existe pourtant une autre solution que la renonciation et l'acceptation de ces règles du jeu : dénoncer et combattre l'extension des procédés de ce genre dans la société. La dénonciation de cet état de fait est même un enjeu important. Il n'est pas exagéré, en effet, de croire que la dérive vers le « n'importe quoi » peut être très rapide et qu'elle risque de transformer notre société.
Dans les pays de l'ex-bloc soviétique, c'était devenu un véritable choix de société. Certaines informations étaient maquillées et des photos étaient truquées pour justifier

la politique des dirigeants. En Albanie, par exemple, dans les années 1970, lorsque le pays s'éloigna de la Chine communiste qui était son alliée, les dirigeants firent réécrire certains discours déjà imprimés pour « prouver » qu'ils n'étaient pas dupes de l'évolution des dirigeants chinois et de leur tendance à accepter les valeurs de l'Occident capitaliste. En examinant les nouvelles versions propagées par les organes d'information officiels, les historiens remarquèrent ainsi que tel ministre ou tel membre important du parti pouvaient disparaître de la photo d'un événement auquel il avait pourtant pris part, simplement parce qu'il était tombé en disgrâce ou avait été emprisonné.

Pour en savoir plus

LE CONTRÔLE DE LA VIE PRIVÉE

De nouvelles techniques sont sans cesse mises au point pour empêcher les terroristes d'agir ou pour débusquer les personnes recherchées. La police écoute les conversations téléphoniques, installe des caméras dans les rues, nous surveille depuis le ciel grâce à des caméras très perfectionnées installées sur des satellites, connaît nos achats grâce à la carte Bleue, ou encore surveille nos conversations via Internet. Vous pensez que cela ne vous concerne pas parce que vous n'êtes pas un délinquant ? En réalité, si cela ne vous concerne pas directement, la présence de plus en plus insistante de systèmes de surveillance modifie nos modes de vie et induit du stress – donc de la violence – chez toujours plus d'individus.

Les excès ont d'ores et déjà été nombreux, par exemple en Allemagne durant les années 1970. À cette époque, la police recherchait activement les membres de la Fraction armée rouge, une organisation qui prônait la révolution par la violence. La loi des « interdictions professionnelles » visait à faire perdre leur emploi à des personnes qui avaient été en relation avec l'un des révolutionnaires. Mais il a suffi que des personnes n'ayant rien à voir avec ce groupuscule voyagent dans le même train qu'un de ses membres pour qu'elles se retrouvent au chômage !

Accepter tout et n'importe quoi n'est donc pas sans conséquence. Une société qui fonctionnerait sur la base d'un mensonge généralisé ne serait pas une société dans laquelle les individus seraient libres. Ce serait une nouvelle dictature, sans prison ni mitraillettes, mais où régnerait la pensée unique. C'est encore ce que montre *1984*. La dictature de Big Brother s'exerce en effet grâce à la police de la pensée, qui contrôle ce que pense chacun, et qui jette en prison ou « vaporise » ceux qui s'écartent du cadre de la pensée conforme. Chez nous, bien sûr, il n'existe aucune police de la pensée, mais vous n'avez pourtant guère de raisons d'être rassuré. Nous pouvons en effet nous demander si la police de la pensée n'est pas intégrée en chacun de nous. La perte de l'esprit critique nous fait accepter trop de demi-mensonges. Le conditionnement dont nous sommes chaque jour les cibles risque de nous faire accepter des « vérités » qui sont en réalité dangereuses pour notre liberté.

Refuser la manipulation

Rien ne vous force à accepter ce que l'on tente de vous faire croire, et le but de ce livre est atteint s'il vous sert à comprendre les mécanismes de la propagande et à les combattre. Vous pouvez choisir d'exercer votre esprit critique. Avoir l'esprit critique, ce n'est pas la même chose que d'être premier en maths ou en philo ! Chacun d'entre nous a un esprit critique, à un degré plus ou moins développé, et peut donc espérer échapper au mensonge et aux fausses

À méditer

SE CONNAÎTRE SOI-MÊME

Le philosophe Socrate doutait de tout. « Je sais que je ne sais rien », affirmait-il. Le but qu'il assignait à ses disciples était de « se connaître soi-même ». Un bon programme contre la manipulation !

nouvelles. Il suffit de douter, de développer sa réflexion, de prendre du recul par rapport aux choses.

Ne tombez pas pour autant dans le doute systématique, qui débouche sur le cynisme. Si vous ne croyez plus en rien, sauf que « tout est pourri », vous finirez par devenir misanthrope et par rejeter le monde. C'est une attitude dangereuse, qui pousse à abandonner toute lutte pour améliorer les choses, pour changer ce qui ne va pas, penser et rêver à un futur plus favorable.

La vision négative du monde est très répandue autour de vous. Ainsi, beaucoup d'écrivains à succès prônent le désespoir par rapport au monde, le désintérêt vis-à-vis des êtres humains. Leurs héros ne vantent que l'individualisme jusqu'au cynisme, le chacun-pour-soi. Ils donnent de l'humanité l'image d'une jungle où il ne vaut pas la peine de se battre, où les plus vigoureux n'ont aucune pitié pour les faibles. Or faire du désespoir une sorte de vertu revient à nier le futur. D'une certaine façon, c'est le comble de la

manipulation. D'autant que ce genre d'attitude « désespérée » peut avoir des conséquences très concrètes.
Prenons l'exemple de l'environnement. Pour le moment, c'est morose : dérèglement climatique, pollutions, prolifération des produits chimiques dans l'atmosphère, dans les sols, dans nos propres organismes avec l'amiante ou les empoisonnements au mercure, etc. Vous pourriez dire, en regardant tout autour de vous, qu'après tout ceux qui disent « après moi le déluge » ont bien raison et qu'il n'y a plus rien à faire. Vous profiteriez alors de la vie sans vous soucier du futur. Faut-il pourtant baisser les bras et se laisser aller au désespoir ? Non, parce qu'il y a bel et bien un futur (la fin du monde n'est pas encore programmée, et elle n'est même pas une fatalité !), et que ce n'est pas le cynisme ou le je-m'en-foutisme qui vous permettra de modifier l'avenir, dans quelque sens que ce soit.
Cela ne signifie pas que la seule solution est de devenir un activiste de première ligne. Il s'agit surtout de ne pas faire

confiance aux prophètes de malheur, à ceux qui disent que le monde ne vaut rien mais qui eux-mêmes en profitent et gagnent des millions avec leurs livres ou leurs films désespérants ! Ne pas faire confiance à ceux pour qui la « communication » est en réalité une technique pour gagner le pouvoir ou y rester.

Rien n'est facile, c'est certain ! C'est à vous de savoir combiner les deux défis d'aujourd'hui : conserver votre liberté de penser, de créer, de vous exprimer ; continuer à vous informer, à écouter, à comprendre ce qui se dit et se fait partout autour de vous. Lorsque ceux qui communiquent avec vous ont pour but secret de vous faire croire n'importe quoi, alors il vous faut entrer dans la bataille, puisque c'en est une, avec l'esprit en alerte, la volonté de vous ouvrir au monde. Vous montrerez ainsi à ceux qui ne veulent se servir de vous qu'à des fins inavouables qu'ils sont tombés sur un os !

Lectures pour aller plus loin

1984 (Folio Gallimard), le roman de George Orwell, n'est pas sa seule œuvre consacrée au mensonge en politique. *La Ferme des animaux* (Folio Gallimard), une œuvre courte et très facile à lire, est également centrée sur ce thème et sur celui de la propagande : les cochons, qui ont pris le pouvoir dans la ferme, font croire « n'importe quoi » aux autres animaux.

Le fameux *Discours de la servitude volontaire*, d'Étienne de La Boétie (Petite Bibliothèque Payot), un ami de Montaigne, explique le mécanisme qui fait accepter la soumission dans la société humaine. Cette œuvre, écrite il y a près de cinq cents ans, brève et assez facile à lire, est considérée encore aujourd'hui comme une œuvre politique majeure.

Le Prince, de Machiavel (Livre de poche), est aussi une œuvre importante pour comprendre les mécanismes de la politique.

Professeurs de désespoir (Actes Sud), une étude de la romancière Nancy Huston, invite les lecteurs à réfléchir aux dérives d'une littérature qui connaît de nos jours un immense succès, et qui met en scène des gens désabusés, cyniques, haïssant le monde, la vie et, très souvent, les enfants. Si nous ne savons que vanter l'horreur et le désespoir sous prétexte que le monde de la vie serait « n'importe quoi », il ne nous reste plus qu'à attendre notre fin sans bouger. Ce à quoi se refuse Nancy Huston. Pour lire et comprendre ce livre, il n'y a pas besoin d'avoir lu tous les auteurs que cite Nancy Huston : ils sont largement cités, et son ouvrage, très clair, apporte de vraies réflexions.

Les Dessous de l'info (La Martinière, coll. Hydrogène), de Mélina Gazsi et Florence Vielcanet, explique les mécanismes de transmission de l'information.

Les films

Brazil, de Terry Gilliam, évoque un monde où règne le « n'importe quoi ». À la fois drôle et tragique.

Tout le monde il est beau, tout le monde il est gentil, de Jean Yanne, dévoile comment, dans les années 1970, la publicité et le mensonge dans les médias faisaient déjà des ravages. Très drôle aussi.

The Truman Show, de Peter Weir, montre comment on pourrait pousser la manipulation de la télévision à fond : Truman est la vedette d'une émission de télé-réalité sans le savoir. Depuis sa naissance, ses faits et gestes sont filmés 24 heures sur 24, et il ne sait pas qu'il vit dans un monde construit tout exprès pour lui.

Le premier volet de *Matrix*, des frères Wachowski, est une évocation de la lutte contre la manipulation. Les humains sont devenus les esclaves d'une gigantesque machine, la Matrice, qui pompe leur énergie et, en échange, leur fournit des scénarios de vie virtuelle. Le mensonge absolu, en quelque sorte.

Les films de Michael Moore (*Roger et Moi*, *The Big One*, *Bowling for Columbine*, *Farenheit 9/11*) sont disponibles en DVD. Ils illustrent la manipulation du gouvernement américain, du lobby des armes, des grands industriels, mais *Farenheit 9/11* peut être lui aussi analysé comme un film qui manipule l'opinion du spectateur.

La Secte de Waco, de Dick Lowry, sur la secte des davidiens qui s'était installée dans la ville de Waco, au Texas. Très éclairant sur la façon dont ce genre de groupe sectaire peut fonctionner, même si le film en lui-même n'est pas un chef-d'œuvre.

Faim, 77
Famines, 76
Fantasme, 36
FAO, 77, 83
Faux, 66
Fiction, 48
Filtre, 83
Foule, 61
Fraction armée rouge, 95
Fromm (Erich), 39